铁路中专教育电力机车检修专业教学指导方案

铁道部劳动和卫生司

中国铁道出版社

2009年·北京

内 容 简 介

本书为铁路中专教育电力机车检修专业教学指导方案。内容包括:电力机车检修专业教学计划、电力机车检修专业课程教学大纲、电力机车检修专业技能实训设备配置标准参照表、电力机车检修专业课程建议书目汇总表。本书对铁路中专教育电力机车检修专业教学工作具有指导作用。

图书在版编目(CIP)数据

铁路中专教育电力机车检修专业教学指导方案/铁道部劳动和卫生司编.—北京:中国铁道出版社,2009.8

ISBN 978-7-113-10215-9

Ⅰ.铁…　Ⅱ.铁…　Ⅲ.电力机车—检修—专业学校—教学参考资料　Ⅳ.U269.6

中国版本图书馆 CIP 数据核字(2009)第 103045 号

书　　名:铁路中专教育电力机车检修专业教学指导方案
作　　者:铁道部劳动和卫生司

责任编辑:阚济存　　**电话:**010-51873133　　**电子信箱:**td51873133@163.com
封面设计:薛小卉
责任校对:张玉华
责任印制:陆　宁

出版发行:中国铁道出版社(100054,北京市宣武区右安门西街8号)
网　　址:http://www.tdpress.com
印　　刷:三河市华业印装厂
版　　次:2009年8月第1版　2009年8月第1次印刷
开　　本:787 mm×1 092 mm　1/16　印张:5.5　字数:130千
印　　数:1~2 000册
书　　号:ISBN 978-7-113-10215-9/G·314
定　　价:11.80元

前　言

铁路作为国民经济的大动脉、国家重要基础设施和大众化交通工具，在我国经济社会发展中具有重要作用。加快铁路发展，全面推进和谐铁路建设，必须拥有一支与之相适应的职工队伍。全面提高铁路职工队伍素质，既是认真贯彻落实科学发展观、构建社会主义和谐社会的要求，也是保证铁路运输安全生产，实现可持续发展的需要。为此，铁道部党组要求把进一步提高职工队伍素质作为一项长期的重点工作来抓。为提高铁路企业新接收人员的素质，决定对新入路的复员退伍军人组织进行铁路专业学历教育。

为了保证铁路复员退伍军人中等职业教育质量，铁道部劳动和卫生司组织各铁路局职教处、职工培训基地、部分铁路职业技术院校的教师和教学管理人员，在2007年铁道部颁布的《铁路复员退伍军人中专教育教学计划和教学大纲》的基础上，根据教育部对中等职业教育教学计划的有关要求，汲取铁路企业及办学单位的意见建议，修订编写了本套铁路特有专业中等职业教育教学指导方案。

根据铁路运输企业生产用工需求，确定本套方案分为12个专业：1. 铁道运输（车务）；2. 铁道运输（客货运）；3. 电力机车驾驶；4. 电力机车检修；5. 内燃机车驾驶；6. 内燃机车检修；7. 客车车辆检修；8. 货车车辆检修；9. 电气化铁道供电；10. 铁道信号；11. 铁道工程（工务）；12. 铁道工程（大型养路机械）。

本套方案适用于对新入路人员进行的中等职业教育，可作为铁路特有专业中等职业教育的指导性教学计划和教学大纲使用。

本方案为电力机车检修专业教学指导方案，内容包括：(1) 教学计划；(2) 各门课程教学大纲；(3) 本专业技能实训设备配置标准参照表；(4) 本专业开设课程教学用书汇总表。

本方案初稿是由郑州铁路局职教处组织修订完成的。主要执笔人：郑州铁路局郑州职工培训基地马宝祥。

参加审稿工作的有：铁道部劳卫司职教处任天德、运输局装备部机车检修处狄威，沈阳铁路局职教处何方、苏家屯机务段周德宏，郑州铁路局职教处杨明卿，济南铁路局职教处季益民、机务处李义东，广州铁路（集团）公司劳卫处邓雁斌，南京铁道职业技术学院李晓村。

本套方案编写和审定工作得到有关铁路局和铁路职工培训基地的支持，在此一并表示感谢。

目　录

电力机车检修专业
教学计划

电力机车检修专业教学计划

一、培养目标

本专业培养对象是高中文化程度的铁路职工或其他人员，面向铁路电力机车检修运用岗位的专业教育，通过两年学习完成以铁路电力机车检修专业知识和专业技能为主的职前培训，取得中专学历。本教学计划以培养电力机车检修专业学员职业技能为中心，使学员具有铁路电力机车检修、管理等综合能力的高素质技能型专门人才。具体要求如下：

1. 具有良好的思想道德、职业道德和行为规范。

2. 具有基本的科学文化素养，掌握本专业必需的文化基础知识、专业理论知识和职业技能。

3. 具有继续学习的能力和适应职业变化的能力。

4. 具有创新精神和实践能力。

二、从业岗位

本专业主要面向铁路及轨道交通，从事电力机车检修和检修管理工作。

主要从业岗位有：机车电工、电力机车钳工、检修生产调度等。

三、人才规格

（一）知识结构

1. 具有本专业培养目标必备的文化基础知识。

2. 掌握本专业所必需的机械工程、电气工程方面的基础知识。

3. 掌握本专业必需的机车车辆、信号设备、铁路线路及站场的基本知识。

4. 掌握主型电力机车的基本构造和机车工作原理。

5. 掌握机务生产组织和技术管理的基本知识。

6. 熟悉有关铁路技术管理规程及安全生产规程。

7. 具有计算机应用技术的基础知识。

8. 了解本专业科学技术的新发展。

（二）能力结构

1. 具有电力机车检修主要工种的基本操作技能。

2. 具有编制电力机车部件检修工艺文件的能力。

3. 具有分析处理电力机车机械、电气部分一般故障的能力。

4. 具有必要的计算机操作能力及获取信息与处理信息的能力。

5. 具有一定的人际关系协调能力。

（三）思想目标

1. 培养学员的抽象思维能力和形象思维能力，激发学员创新意识。

2. 具有热爱科学、实事求是的学风和创新精神。

3. 加强职业道德、职业规范意识。

四、教学计划表

（一）周数分配表

学　年	学　期	入学、毕业教育	理论教学	实践教学	复习考试	机　动	假　期	总　计
一	一	1	16	2	1	1	4	25
	二		12	7	1	1	6	27
二	三		12	7	1	1	4	25
	四	1		20				21
总　计		2	40	36	3	3	14	98

（二）教学进程表

序号	课程名称	教学总时数			理论教学周学时数或实训周数			
		合　计	其　中		1学期	2学期	3学期	4学期
			讲　授	实训或现场教学	16周	12周	12周	20周
1	语　文	32	32		2			
2	数　学	64	64		4			
3	铁路职业道德	32	32		2			
4	计算机应用基础	96	54	42	6			
5	铁道概论	96	72	24	6			
6	机械识图	32	32		2			
7	电工与电子技术基础	96	96		6			
8	机械基础	96	96			8		
9	电力机车总体与走行部	72	70	2		6		
10	电力机车电机	96	92	4		8		
11	电力机车电器	72	68	4		6		
12	电力机车制动技术	96	92	4			8	
13	电力机车控制	96	96				8	
14	电力机车检修与规程	96	94	2			8	
15	机车新技术	48	48				4	
16	电工技能实训	56		56	2周			
17	钳工技能实训	56		56		2周		
18	电力机车检修基本技能实训一	140		140		5周		
19	电力机车检修基本技能实训二	196		196			7周	
20	电力机车检修专业综合实训	560		560				20周
总　计		2 128	1 038	1 090				

（三）学时内容分配及学时比例

本专业教学内容包括校内专业理论教学、专业技能实训和现场综合实训实习三部分。

理论教学 40 周，实践教学 36 周。

本专业总教学时数 2 128 学时，其中专业理论教学共 1 038 学时，实践教学 1 090 学时。理论实践教学之比基本为 5∶5。

五、课程说明

1. 语　　文

本课程主要讲授现代文阅读与写作、文学作品的阅读与欣赏、文言文阅读与理解以及应用文学习与写作四部分内容。通过本课程的学习，使学员的思想及文化素养得到进一步提高，形成较高的综合职业能力。

2. 数　　学

本课程主要讲授集合与函数、指数函数与对数函数、三角函数、复数、直线与二次曲线、空间图形、数列等内容。通过本课程的学习，使学员抽象概括能力、空间想象能力、逻辑推理能力以及分析和解决问题的能力得到进一步提高。

3. 铁路职业道德

本课程主要讲授铁路职业道德的基本知识、基本原则、主要规范以及与铁路职业生活相关的主要法律法规的基本精神和主要内容。通过本课程的学习，使学员树立正确的世界观、人生观、价值观、道德观，形成良好的职业道德。

4. 计算机应用基础

本课程介绍计算机的基础知识、常用办公软件的相关知识和简单计算机网络知识，通过本课程的学习，学员应能使用计算机进行文本输入、文稿编辑操作、表格制作及简单的演示文稿制作，在工作中能使用计算机。

5. 铁道概论

本课程主要讲授运输业的性质与种类，我国铁路的发展情况，铁路线路、站场、车辆、机车、动车组、信号与通信等运输设备知识及原理，铁路客货运与行车工作组织，高速和重载铁路运输知识等内容。课程重点围绕和谐铁路的建设，突出铁路新技术、新装备、新工艺、新标准。通过对铁路运输业较全面、扼要的介绍，对铁路基本知识与基本原理的阐述，达到使学员建立铁路运输的整体概念，树立铁路运输高度集中、统一指挥的重要理念，了解铁路各专业之间的关系和铁路运输机制，确定本专业在整个铁路运输业中的地位和重要性，为后续课程的学习奠定基础的目的。

6. 机械识图

本课程主要学习机械识图的基本知识，掌握正投影法的基础理论和基本方法；能够识读一般复杂程度的机械零件图和简单的装配图；能够测绘一般复杂程度的机械零件图；能够绘制简单的装配图。

7. 电工与电子技术基础

本课程学习电工与电子的基础知识，通过学习掌握电工基本理论；熟悉直流电动机、三相异步电动机的基本原理和结构；掌握电子技术基本理论、基本知识和技能、电子分立元件原理和基本电路、线性集成运放电路工作原理和基本电路、数字逻辑电路基础。

8. 机械基础

本课程学习静力学基本概念，掌握物体受力分析的基本方法；掌握各种力系的平衡方程解物体的平衡物体问题；了解杆件的基本变形形式，并掌握杆件的基本变形的强度计算方法；了解互换性、机械加工精度的概念；了解有关公差配合的术语、定义，能正确进行尺寸公差、形位公差及粗糙度的标注；掌握长度测量的基本知识；了解键联接、销联接及螺纹联接的特点、类型及应用；掌握带传动、链传动，特别是齿轮传动的类型、特点及应用；掌握轴系零件的基本知识。

9. 电力机车总体及走行部

本课程主要学习机车车体、走行部的结构、原理；熟悉机车转向架的组成、轮对及电机悬挂、基础制动装置（闸瓦制动、盘式制动）、机车车体支撑装置、牵引及缓冲装置；掌握机车检查保养方法、走行部检查程序和要求。

10. 电力机车电机

本课程主要学习牵引变压器、脉流牵引电动机、异步牵引电动机的基本结构、工作原理。了解脉流、交流牵引电动机的运行特性；了解牵引电机运行特性与电力机车牵引特性曲线的关系；了解机车电气调速原理；掌握电力机车电机维护保养的基本方法和保养。

11. 电力机车电器

本课程主要学习受电弓、真空及空气断路器、继电器、电空及电磁接触器等主型电器的结构原理，司机控制器的结构原理及使用方法。了解整流柜、高低压电器柜、列车供电柜等设备的基本结构。

12. 电力机车制动技术

本课程主要学习 DK-1 型电空制动机主要部件结构、电空制动的工作原理。熟悉制动机各部件基本结构及作用原理；掌握制动机试验程序及常见故障与处理；了解制动新技术。

13. 电力机车控制

本课程主要学习主型电力机车主、辅助、控制线路及自动控制的基本原理。熟悉主型电力机车的工作原理、基本特点、电力机车调速、电气制动原理等；掌握主型电力机车主、辅、控制线路和自动控制的基本原理及分析方法；掌握机车高低压试验、电气线路常见故障分析与应急处理知识。

14. 电力机车检修与规程

本课程学习电力机车检修的基础理论、检修方法、检测方法和检修用主要设备等内容。使学员掌握电力机车检修的基本理论知识；熟悉机车总体、电机、电器、电路的检修方法与操作技能。

15. 机车新技术

本课程主要学习我国新型动车组和提速机车、车载微机控制系统的组成和功能、机车交流传动技术、机车走行技术的发展等方面内容。了解当今机车牵引领域新技术、新设备、新工艺等的应用情况，使专业教学不断追踪生产一线新技术发展，达到拓宽学员专业知识面，充实新技术新知识的目的。

16. 电工技能实训

实训电工仪表的使用，电路的连接。按线路图装配、检查、调试电器装置。能正确选择并熟练使用所学的各种电工仪表进行各种电器参数的测量，对测量所得的数据能进行正确的分析处理。

17. 钳工技能实训

实训钳工实作技术，使学员掌握钳工工艺的锯、铲、锉、钻及电气焊等操作技能，并能制作和维修简单的工具，达到中级钳工的职业技能要求。

18. 电力机车检修基本技能实训一

结合基地实训情况，通过进行电力机车检修专业电机、电器的维护、检修、故障判断与处理，检修车体、构架与附属装置、牵引与悬挂装置、基础制动、轮对与电机组装等技能训练，能掌握进行电力机车检修专业的一般技能操作。

19. 电力机车检修基本技能实训二

结合基地实训情况，通过对电力机车检修专业进行制动机及各主要部件的检修，电力机车高低压试验的实训，能掌握电力机车制动机、电气线路常见故障处理的方法。

20. 电力机车检修专业综合训练

通过职业基本技能综合训练和检修、运用实习，掌握电力机车主要电器部件电机、电器、制动机的检修方法、检修标准和操作技能；掌握电力机车设备布置，会进行低压试验、制动机的五步闸试验，分析、判断、处理一般电气线路故障。

六、毕　　业

学员修完所有规定课程，成绩合格，准予毕业。

七、入学及毕业教育

（一）入学教育

1. 爱国主义教育，革命传统教育，校纪校规教育。

2. 熟悉学校环境，了解专业特点和教育计划、课程设置、从业方向、岗位特点。

（二）毕业教育

敬业爱岗教育、职业道德教育、现场实习安全教育。

八、计划说明

1. 本教学计划在具体教学实施过程中，应加强与企业的沟通，允许进行适当调整，调整幅度不超过10%。

2. 个别内容可采用讲座方式。师资可聘请企业专家授课。

3. 本计划课程大纲中，主型机车客车以SS_{7E}/SS_9型电力机车、货车以SS_4型电力机车为主，也可根据学员入学情况选择服务企业的机型。

电力机车检修专业
课程教学大纲

《语文》课程教学大纲

一、课程简介

本课程是电力机车检修专业的基础课，主要讲授现代文阅读与写作、文学作品的阅读与欣赏、文言文阅读与理解以及应用文学习与写作四部分内容。通过本课程的学习，使学员的思想及文化素养得到进一步提高，形成较高的综合职业能力。

二、课程教学目标

（一）知识培养目标

1. 读：能读懂一般的现代白话文，能从总体把握课文的内容、理清写作思路、概括文意，对文章中的字词句作出恰当的理解；初步掌握精读、泛读及对照比较、问题讨论、专题研究等阅读方法，提高在阅读中发现问题、分析问题、解决问题及辨异识同、综合评价的能力；能准确读懂记叙、议论、说明性文字，养成研读说明书与操作手册的习惯；能够借助注释和工具书读懂比较浅易的文言文；学会使用常用工具书，能利用多种媒体对信息资料进行检索。

2. 写：能正确遣词造句、联句成段，写一段话能围绕中心，逐层展开，语言得体、简明、顺畅；写文章能做到中心明确、选材得当、层次清楚、书写规范，并有一定的速度；学会写作常用的应用文。养成多观察、多思考、多写多改的习惯。

3. 听：养成良好的倾听习惯，能够准确把握话语的含义、语言信息的重点和要点，能领会、复述说话人的主要意思。

4. 说：能用普通话流利地进行口语交际。初步掌握口语交际的基本方法和技巧，做到说话条理清楚，吐字清晰，语句流畅，语义明确，措词文明，能根据不同的场合、对象，完整、得体、恰当地表达自己的意思。

（二）能力培养目标

1. 培养学员爱读书、多读书、读好书的习惯，提高欣赏文学作品的能力。

2. 培养学员与人沟通、合作的交际能力。

三、核心教学内容与实训项目

序号	项目名称	课时分配			
		总课时	讲授	讨论	实训
1	记叙文	2	2		
2	说明文	2	2		
3	议论文	2	2		
4	小说与戏剧	2	2		
5	诗歌与散文	2	2		
6	文言文	2	2		
7	公务文书	4	4		
8	事务文书	4	4		
9	信息类文书	4	4		
10	书法常识	2	2		
11	听说与社交的艺术	4	4		
合计		30	30		
机动		2			
总计		32			

四、项目内容及要求

项目一　记叙文

知识短文：写人记事，写景抒情

1. 荷塘月色
2. 向中国人脱帽致敬
3. 军神
4. 丑石

项目二　说明文

知识短文：说清原理，讲明特征

1. 月亮——地球的妻子，姐妹，还是女儿
2. 汽车外形的发展
3. 天上的科学试验基地——空间站
4. 眼睛与仿生学
5. 交通运输的新宠儿——动车组

项目三　议论文

知识短文：析事说理，阐明观点

1. 读书人是幸福人
2. 半厘钱

3. 好走的都是下坡路

4. 请客

项目四　小说与戏剧

知识短文：小说与戏剧的阅读与欣赏

1. 药

2. 项链

3. 塔铺

4.《长亭送别》节选

5.《罗密欧与朱丽叶》节选

项目五　诗歌与散文

知识短文：诗歌与散文的阅读与欣赏

1. 唐诗四首

渡荆门送别

登高

琵琶行

山居秋暝

2. 宋词四首

雨霖铃

念奴娇·赤壁怀古

声声慢·寻寻觅觅

永遇乐·京口北固亭怀古

3. 现当代诗歌三首

再别康桥

面朝大海春暖花开

我愿意是急流

4.《宽容》序言

项目六　文言文

知识短文：文言文阅读常识

1. 邹忌讽齐王纳谏

2. 劝学

3.《论语》七则

项目七　公务文书

1. 公文概述

2. 通告、通知、通报

3. 报告、请示

4. 函

5. 会议纪要

项目八　事务文书

1. 计划

2. 总结

3. 规章制度

4. 事故报告

项目九　信息类文书

1. 启事与声明

2. 商品广告

3. 说明书

4. 请柬与聘书

5. 简历

6. 个人鉴定

项目十　书法常识

1. 书法概论

2. 楷书的书写

3. 行书的书写

项目十一　听说与社交的艺术

1. 听说与社交的艺术（一）介绍

2. 听说与社交的艺术（二）答问

3. 听说与社交的艺术（三）拒绝

4. 听说与社交的艺术（四）批评

5. 听说与社交的艺术（五）拜访

6. 听说与社交的艺术（六）常用的社交礼仪

7. 听说与社交的艺术（七）讲演

8. 听说与社交的艺术（八）论辩

五、考核要求

1. 本课程采用闭卷考试，百分制。

2. 命题时，项目一～项目六所占比例为 40%，项目七～项目十占 50%，项目十一占 10%。

3. 评分方法：理论考试占总分值 70%，日常成绩（含实训）占 30%。

六、大纲说明

1. 本大纲是根据 2009 年修订的铁路中专教育电力机车检修专业教学计划编制的。

2. 教学建议：

（1）结合教学内容，指导学员进行自读。

（2）根据教学内容，组织学员进行讨论、观看戏剧片，加深对所学知识的理解。

（3）写作教学过程中，应将教师讲解与学员自学训练相结合，在深读多练的原则下安排写作训练。

3. 教学用书：铁路职业教育铁道部规划教材《语文》（中专），王湄主编，中国铁道出版社。

《数学》课程教学大纲

一、课程简介

本课程是电力机车检修专业的基础课，主要讲授集合与函数、指数函数与对数函数、三角函数、复数、直线与二次曲线、空间图形、数列等内容。通过本课程的学习，使学员抽象概括能力、空间想象能力、逻辑推理能力以及分析和解决问题的能力得到进一步提高。

二、课程教学目标

（一）知识培养目标

1. 理解集合与函数的基本概念和运算方法。

2. 掌握指数函数、对数函数、三角函数的性质、运算法则。

3. 掌握直线方程常见形式及两条直线的位置关系。

4. 掌握圆、椭圆、双曲线、抛物线的标准方程。

（二）能力培养目标

1. 培养学员的基本运算能力，基本计算工具的使用能力、空间想象能力、数形结合能力、思维能力和简单实际应用能力。

2. 提高学员的数学素养，发展学员的创新意识。

三、核心教学内容与实训项目

序号	项目名称	课时分配			
		总课时	讲授	讨论	实训
1	集合与函数	10	10		
2	指数函数与对数函数	10	10		
3	三角函数	10	10		
4	复　数	8	8		
5	直线与二次曲线	8	8		
6	空间图形	8	8		
7	数　列	8	8		
	合　计	62	62		
	机　动	2			
	总　计	64			

四、项目内容及要求

项目一　集合与函数

1. 集合：要求学员初步理解集合的概念，知道常用数集及其记法；初步了解集合的分类及性质；理解集合空集、子集的意义，对属于包含、相等关系的定义要掌握相关术语和符号；对集合的文字表达，符号表达及图示（韦恩图）要能转换自如。

2. 交集、并集、补集、全集：正确理解集合交集、并集、补集、全集的概念，能熟练进行交集、并集、补集的运算。

3. 一元一次不等式组：理解一元一次不等式组解集的概念，会利用数轴求简单的一元一次不等式组，掌握一元一次不等式组解集的几种情况，掌握绝对值不等式的求解方法，会正确使用集合的方法和区间方法表示绝对值不等式的解集。

4. 区间和绝对值不等式：理解并掌握区间的概念，理解函数的概念，明确决定函数的三个要素（即定义域、值域和对应法则），掌握函数的三种表示方法（即解析法、列表法和图像法），会求简单函数的定义域，会判断函数的单调性和奇偶性。

5. 反函数：理解反函数的意义，会求一些函数的反函数；掌握互为反函数的函数图像间的关系，会利用 $y=f(x)$ 与 $y=f^{-1}(x)$ 的性质解决一些问题。

项目二　指数函数与对数函数

1. 指数函数和对数函数：理解指数函数和对数函数的概念，能熟练地画出常见的指数函数$\left(底数为 2，\frac{1}{2}，10\right)$和对数函数$\left(底数为 2，\frac{1}{2}，10\right)$的图像，能利用图像掌握这两种函数的性质，能综合应用概念和性质解决实际问题。

2. 对数、常用对数和自然对数：了解对数、常用对数和自然对数的定义，掌握对数的性质、运算法则和换底公式。

3. 会用计算器计算指数与对数值。

项目三　三角函数

1. 任意角与任意角的三角函数：理解任意角与任意角的三角函数的概念，知道同角三角函数关系式。

2. 三角函数的计算：熟练掌握诱导公式，能利用计算器求任意角的三角函数值及已知三角函数值能够利用计算器求出指定范围内的角。

3. 正弦、余弦、正切函数：掌握正弦、余弦、正切函数的图像和性质，会用五点法做出三角函数的图像。

4. 正弦定理与余弦定理：掌握正弦定理与余弦定理，会解斜三角形。

项目四　复　　数

1. 复数的概念：理解复数的概念，明确复数、实数、虚数、纯虚数之间的区别和联系，了解复数的分类系统，掌握复数的几何表示法。

2. 复数的代数形式：掌握复数的代数形式的加、减、乘、除的运算法则。

3. 复数的三角形式：掌握复数的三角形式，能熟练地进行复数的三角形式和代数形式之间的互化，掌握复数的三角形式的乘、除、乘方运算法则。

4. 复数的指数形式：了解复数的指数形式。

项目五　直线与二次曲线

1. 直线的方程：了解直线的方程的概念，理解直线的倾斜角和斜率的概念，熟练掌握过两点的直线的斜率公式。

2. 直线的其他方程表示：熟练掌握直线的点斜式方程，掌握直线的斜截式、两点式、截距式方程以及直线的一般方程。

3. 直线相交、平行和垂直：掌握两条直线的夹角公式，平行和垂直的条件，交点的求法，以及点到直线的距离公式。

4. 曲线与方程：理解曲线与方程的概念，会求简单的曲线方程。

5. 圆、椭圆、双曲线和抛物线：理解圆、椭圆、双曲线和抛物线的定义，熟练掌握它们的标准方程，了解它们的性质，会作它们的图像。

项目六　空间图形

1. 空间直线、平面的概念：理解空间直线、平面的概念和平面的基本性质，会画出平面图形在水平平面内的直观图。

2. 空间直线、平面的关系：理解空间的直线和直线、直线和平面、平面和平面的位置关系，了解它们的性质定理和判定定理。

3. 异面直线：理解异面直线所成的角、直线和平面所成的角、直线垂直平面、二面角等概念，理解三垂线定理及其逆定理，并能应用这些概念和定理进行简单的计算。

4. 多面体和旋转体：了解多面体和旋转体的概念，能利用公式进行柱、锥、台、球表面积和体积的计算。

项目七　数　　列

1. 数列：理解数列的概念，会写出简单的数列的通项公式。

2. 等差数列和等比数列：理解等差数列和等比数列的概念，熟练掌握它们的通项公式、前 n 项和公式、等差中项与等比中项公式，并会综合运用这些公式进行计算。

五、考核要求

1. 本课程采用闭卷考试，百分制。

2. 命题时，项目一～项目四所占比例为 60%，项目五、项目六占 30%，项目七占 10%。

3. 评分方法：理论考试占总分值 70%，日常成绩（含实训）占 30%。

六、大纲说明

1. 本大纲是根据 2009 年修订的铁路中专教育电力机车检修专业教学计划编制的。

2. 教学建议：教学中应突出实践性教学，加强学员“算”、“画”、“读”等基本技能的训练。

(1) 算：基本运算和计算器使用。

(2) 画：最基本函数大致图形的描绘（含初中数学已学的描点作图和利用函数性质作图）和简单空间图形的描绘。

(3) 读：阅读数学图形，理解其概念、定理。

3. 教学用书：铁路职业教育铁道部规划教材《数学》（中专），邹淑桢主编，中国铁道出版社。

《铁路职业道德》课程教学大纲

一、课程简介

本课程是电力机车检修专业的基础课。课程主要讲授职业道德的基本知识和概念，铁路职业道德建设与和谐铁路的关系，铁路职业道德修养，与铁路职业生活中相关的铁路法和劳动法的相关知识，重点讲授铁路职业道德规范的具体内容和基本要求，通过本课程的学习，使学员树立正确的世界观、人生观、价值观、道德观，形成良好的职业道德。

二、课程教学目标

（一）知识培养目标

1. 了解铁路职业道德的内涵与特征。
2. 理解铁路职业道德与和谐铁路建设的内在联系。
3. 掌握铁路职业道德的主要规范及基本要求。
4. 熟悉铁路职业道德修养的培养途径和方法。

（二）能力培养目标

1. 培养学员职业道德意识和法律意识。
2. 提高学员职业道德修养。

三、核心教学内容与实训项目

序号	项目名称	课时分配			
		总课时	讲授	讨论	实训
1	道德与职业道德概述	4	4		
2	铁路职业道德建设与和谐铁路	4	4		
3	铁路职业道德规范	14	8	6	
4	铁路职业道德修养	4	4		
5	铁路职业生活中的法律规范	4	4		
合计		30	24	6	
机动		2			
总计		32			

四、项目内容及要求

项目一　道德与职业道德概述

1. 了解道德的含义及特征。

2. 理解职业及特征，了解职业道德的内涵及特征，掌握社会主义职业道德的核心与基本原则。

3. 了解职业道德与社会主义市场经济的关系，了解职业道德与社会主义道德建设关系，了解职业道德对构建社会主义和谐社会的重大意义。

项目二　铁路职业道德建设与和谐铁路

1. 理解铁路职业道德的内涵与特点，掌握铁路职业道德的宗旨和原则，理解学习实践社会主义荣辱观，提高遵守铁路职业道德的自觉性的重大意义。

2. 了解职业道德与职工整体素质的客观需要，理解职业道德是促进事业成功的重要条件。

3. 了解和谐铁路建设对铁路职业道德提出的新要求，理解铁路职业道德对构建和谐铁路的重大意义。

项目三　铁路职业道德规范

1. 熟悉铁路职业道德基本规范的内容。

2. 了解铁路职业道德规范中各规范的基本含义和重要性。

3. 掌握铁路职业道德规范中尊客爱货、热情周到、遵章守纪、保证安全、团结协作、顾全大局、注重质量、讲究信誉、艰苦奋斗、勇于奉献、廉洁自律、秉公办事、爱路护路、尽职尽责、率先垂范、当好公仆的基本要求。

讨论要求：结合铁路工作实例，组织学员对铁路职业道德规范的基本要求进行讨论。

项目四　铁路职业道德修养

1. 了解铁路职业道德修养的内涵和目的，了解加强铁路职业道德修养的意义。

2. 了解铁路职业道德修养的内容，掌握铁路职业道德修养的途径和方法。

项目五　铁路职业生活中的法律规范

1. 了解《中华人民共和国铁路法》的立法目的和适用范围，了解铁路运输营业管理有关法律规定，理解铁路运输合同的有关法律规定，了解铁路安全与保护的有关法律规定。

2. 理解《中华人民共和国劳动法》的基本原则，了解劳动者的基本权利和义务，理解劳动合同的有关法律规定，掌握解决劳动争议的途径。

五、考核要求

1. 本课程采用闭卷考试，百分制。

2. 命题时，项目一所占比例 10%，项目二占 15%，项目三占 40%，项目四占 20%，项目五占 15%。

3. 评分方法：理论考试占总分值 70%，日常成绩（含实训）占 30%。

六、大纲说明

1. 本大纲是根据2009年修订的铁路中专教育电力机车检修专业教学计划编制的。

2. 教学建议：

（1）教学中应结合教学内容，进行思想品质、职业道德、工作作风方面的教育。

（2）教学中应积极进行教法改革，运用现代教学手段，贯彻以能力本位、以学员为主体等教学原则，培养学员分析问题、解决问题的能力和创新意识。

（3）教学中应注重铁路建设的新理念，铁路职业道德建设的新经验的收集，补充和更新教学内容。

3. 教学用书：铁路职业教育铁道部规划教材《铁路职业道德》，王跃庆主编，中国铁道出版社。

《计算机应用基础》课程教学大纲

一、课程简介

本课程是电力机车检修专业的基础课，主要讲授计算机及网络基础知识、微机操作系统、文字处理软件、电子表格软件和相关演示软件的基本知识及基本操作。通过本课程的学习，使学员掌握计算机应用的基础知识，具有操作和使用微机系统的基本能力。

二、课程教学目标

（一）知识培养目标

1. 使学员了解和掌握计算机的基本知识。包括计算机硬件和软件的基本概念、微机的基本构成及各部件的功能、计算机网络基本知识、微机操作系统 Windows XP、文字处理软件 Word 2003、电子表格软件 Excel 2003 和演示软件 PowerPoint 2003 的基本知识及基本操作等，了解计算机硬件与计算机软件的关系以及计算机发展趋势。

2. 掌握计算机的文字处理和数据处理方法，借助计算机工具查阅、收集、处理相关数据。

（二）能力培养目标

1. 掌握计算机的基本操作技能，具有较强的上机操作能力。

2. 培养学员的计算机应用能力，掌握应用计算机工具创作作品的基本技能。

三、核心教学内容与实训项目

序号	项目名称	课时分配			
		总课时	讲授	讨论	实训
1	计算机基础知识	4	4		
2	中文操作系统 Windows XP	12	6		6
3	中文处理软件 Word 2003	28	12	2	14
4	中文电子表格 Excel 2003	28	12	2	14
5	演示文稿 PowerPoint 2003	12	6		6
6	计算机网络基础	6	4		2
合计		90	44	4	42
机动		6			
总计		96			

四、项目内容及要求

项目一　计算机基础知识

1. 掌握计算机的定义，了解计算机的发展及特点，熟悉计算机的分类。

2. 熟悉多媒体计算机系统的组成及其结构。

3. 掌握计算机系统的主要连接方法和正确使用技巧。

4. 掌握计算机病毒及其防治的方法。

项目二　中文操作系统 Windows XP

1. 了解 Windows XP 的基本概念、特点、界面组成，掌握 Windows XP 的界面操作。

2. 了解多任务的概念，掌握应用程序的运行、切换和退出。

3. 了解文件的基本概念，掌握“我的电脑”、“资源管理器”的使用及文件与文件夹的操作。

4. 掌握磁盘的基本操作。

5. 掌握控制面板中的主要操作。

实训要求：通过对 Windows XP 系统的上机操作实训，进一步掌握 Windows XP 操作技能，并能在工作中应用。

项目三　中文处理软件 Word 2003

1. 了解 Word 2003 的功能及启动、退出方法，了解 Word 2003 界面组成。

2. 掌握 Word 2003 的基础操作和 Word 2003 的排版技术。

3. 掌握 Word 2003 表格的制作和 Word 2003 表格的计算。

4. 了解数学公式的制作。

5. 掌握 Word 2003 的图文混排功能。

实训要求：通过对 Word 2003 文字处理系统的上机操作实训，掌握 Word 2003 文字处理技能，能使用该软件进行相关文字处理工作。

项目四　中文电子表格 Excel 2003

1. 了解 Excel 基本功能及基本概念。

2. 掌握 Excel 的基本操作。

3. 掌握公式和函数的使用。

4. 掌握工作表的格式化。

5. 掌握图表的使用及打印。

6. 掌握数据库操作及数据的保护。

实训要求：通过对 Excel 2003 电子表格系统上机操作实训，熟悉工作表的建立和各种操作，掌握电子表格处理软件 Excel 2003 的使用技能。

项目五　演示文稿 PowerPoint 2003

1. 熟悉演示文稿中的基本工作界面，掌握演示文稿的创建方法。

2. 掌握在幻灯片上输入和编辑文本、图形的方法，熟悉演示文稿的修改技巧。

3. 掌握幻灯片的放映设置和操作方法。

4. 掌握演示文稿的打印设置。

实训要求：通过对 PowerPoint 2003 演示文稿上机操作实训，掌握中文演示软件 PowerPoint 2003 演示文稿创建方法，修改技巧等技能。

项目六　计算机网络基础

1. 了解计算机网络的定义、功能、分类，计算机网络系统的组成。
2. 掌握 Internet 的连接方法与浏览方法。
3. 掌握电子邮件的基本操作。

实训要求：通过计算机网络与 Internet 操作实训，掌握 Internet 的连接与浏览方法以及电子邮件等的基本操作技能，会上网收集信息和使用电子邮件。

五、考核要求

1. 本课程采用理论闭卷考试与上机实作考试相结合方式进行考核，百分制。
2. 评分方法：理论闭卷考试与上机考试成绩各占 50%。
3. 上机实际操作考试应注意与现场实际工作相结合，主要考核学员上机操作能力、分析问题和解决问题能力。有条件的可利用考试软件进行考试。

六、大纲说明

1. 本大纲是根据 2009 年修订的铁路中专教育电力机车检修专业教学计划编制的。
2. 教学建议：本课程重点应突出操作技能，在教学过程中要运用多媒体网络技术和微机教室进行教学，培养训练学员的上机操作技能和创新能力。
3. 教学用书：铁路职业教育铁道部规划教材《计算机应用基础》（中专），姬立中主编，中国铁道出版社。

《铁道概论》课程教学大纲

一、课程简介

本课程是电力机车检修专业的基础课，是为学习专业课提供必要的基础知识而设置的。课程比较全面、扼要地介绍了铁路运输业，阐述了铁路基本知识与基本原理，主要讲授运输业的性质与种类，我国铁路的发展情况，铁路线路、站场、车辆、机车、动车组、信号与通信等运输设备知识及原理，铁路客货运与行车工作组织，高速和重载铁路运输知识等内容。课程重点围绕和谐铁路的建设，突出铁路新技术、新装备、新工艺、新标准。

二、课程教学目标

（一）知识培养目标

1. 了解运输业的性质、作用、特点及我国铁路的发展史，重点掌握我国铁路取得的巨大成就和和谐铁路的建设蓝图。

2. 系统掌握铁路线路、站场、车辆、机车、动车组、信号与通信、电气化铁道供电设备等运输设备的基本知识及基本原理。

3. 掌握铁路客货运输产品的生产流程。

4. 了解高速铁路、重载运输的一些关键技术。

（二）能力培养目标

1. 建立铁路运输的整体概念，树立铁路运输高度集中、统一指挥的重要理念。

2. 确定本专业在整个铁路运输业中的地位和重要性，为后续课程的学习奠定基础。

三、核心教学内容与实训项目

序号	项目名称	课时分配			
		总课时	讲授	讨论	实训
1	绪论	4	4		
2	铁路线路	10	6		4
3	车站	12	6	2	4
4	铁路车辆	10	8		2
5	铁路机车	10	8		2

续上表

序　号	项　目　名　称	课　时　分　配			
		总课时	讲　　授	讨　　论	实　　训
6	铁路动车组	12	8	2	2
7	铁路信号和通信	14	8		6
8	铁路运输组织	12	8		4
9	高速铁路和重载运输	6	4	2	
合　　计		90	60	6	24
机　　动		6			
总　　计		96			

四、项目内容及要求

项目一　绪　　论

1. 了解现代交通运输业的作用、性质和种类。

2. 了解铁路运输业的发展史，了解我国铁路运输业的发展、掌握铁路运输业的特点、任务、我国铁路的管理组织机构。

3. 熟悉《中长期铁路网规划》、铁路“十一五”规划的主要内容及和谐铁路建设良好开局情况。

项目二　铁路线路

1. 了解铁路勘测设计基本情况，掌握铁路等级和主要的技术标准，了解铁路等级划分条件。

2. 熟悉铁路线路的平面的组成、曲线（圆曲线、缓和曲线）的基本要素及对运营条件的影响，了解铁路线路的纵断面的组成及坡度设置对运营条件的影响，掌握线路标志的种类及用途。

3. 熟悉路基的组成及路基的基本形式、了解路基的排水和防护的措施，熟悉桥隧建筑物的种类及用途，掌握道口、交叉及线路接轨的基本知识。

4. 掌握轨道的组成及各部分的作用，重点掌握普通单开道岔及提速道岔的组成、原理、道岔号数确定方法，熟悉其他类型道岔与交叉设备，了解无缝线路、新型轨下基础与普通线路、轨下基础的关系，掌握轨道上两股钢轨的相互位置及与运营的关系。

5. 掌握机车车辆限界、建筑限界的含义、用途及主要的技术参数。

6. 了解线路经常维修、线路大修、线路中修、线路作业机械化的基本知识。

实训要求：

1. 通过对线路、路基、桥隧建筑物、道口（交叉、线路接轨）等的现场教学，掌握铁路线路相关基本知识。

2. 通过理论结合实际讲解，掌握铁路线路对运营条件尤其是安全的影响、牢固树立安全意识。

项目三　车　　站

1. 掌握车站、区间、闭塞分区、区段及站界、车站线路与线路间距、股道和道岔的编号及股道有效长等基本概念、分类及用途，重点掌握股道、道岔的编号方法和股道有效长的确定方法，形成车站整体概念。

2. 熟悉中间站、区段站的主要设备、主要作业、图型，掌握会让站、越行站的主要用途。

3. 熟悉编组站的任务及主要作业、编组站主要设备、分类、布置图及主要类型，掌握编组站的主要作业流程，掌握平面牵出线、驼峰调车的原理，熟悉驼峰的分类、驼峰的平、纵断面、驼峰调速系统、驼峰调速设备，了解编组站综合自动化的基本情况。

4. 了解铁路枢纽的含义、铁路枢纽设备、铁路枢纽类型的基本知识。

实训要求：通过现场参观各种车站设备、直观理解，掌握其设置的目的、意义。

项目四　铁路车辆

1. 掌握车辆的分类、用途、车辆标记、车辆方位和技术参数等基本知识。

2. 掌握车辆的车体、车内设备、走行装置、车钩缓冲装置、制动装置等五大部分的用途、构造组成及作用原理，重点掌握走行装置、车钩缓冲装置、制动装置三大部件的构造组成、工作原理及使用，形成车辆的整体概念。

3. 了解我国现行的铁道车辆检修制度及车辆检修场所的种类、分工。

4. 了解红外线轴温探测系统、车辆动态检测系统、“5T”检测系统。

实训要求：

1. 通过现场参观，掌握车辆的分类、用途、车辆标记、车辆方位和技术参数等基本知识。

2. 通过现场参观，掌握车辆的车体、车内设备、走行装置、车钩缓冲装置、制动装置等五大部分的用途、构造组成及作用原理，了解检修制度及检测系统。

项目五　铁路机车

1. 掌握机车分类。

2. 掌握电传动内燃机车的基本组成及各部作用、电传动内燃机车的基本工作原理，了解内燃机车的发展情况。

3. 熟悉电气化铁道供电系统的基本知识。

4. 掌握电力机车的基本组成、工作原理及各部作用，了解电力机车的发展情况。

5. 了解机车运用与检修的基本知识。

实训要求：

1. 通过现场参观，掌握内燃机车、电力机车的基本组成、工作原理及各部作用，了解机车运用与检修的基本知识。

2. 通过现场参观，熟悉电气化铁道供电系统的基本知识。

项目六　铁路动车组

1. 掌握动车组的基本概念、分类、主要技术特点。

2. 了解国外高速列车的运用情况。

3. 了解国内动车组发展历程。

4. 掌握和谐号动车组编号规则，了解和谐号动车组基本参数，了解 CRH_1、CRH_2、CRH_3、CRH_5 型动车组的基本情况，掌握 CRH_1 型动车组的编组、高压供电系统、辅助供电系统、牵引系统、司机室、车钩、转向架、制动系统、列车控制管理系统、安全系统等整个系统组成、功能。

5. 了解动车组修程、修制，了解动车运用段和动车运用所布局。

实训要求：通过现场参观，掌握动车组各个系统的组成、功能。

项目七　铁路信号和通信

1. 掌握铁路信号的概念、作用、设备构成及其分类。

2. 掌握信号装置的分类、信号机的种类、设置，了解色灯信号机机构，掌握继电器的基本工作原理，掌握轨道电路的概念、作用、基本工作原理，熟悉轨道电路的组成、几种常用轨道电路的基本知识，掌握转辙机的作用、分类、设置、特点，熟悉转辙机的主要部件及其作用。

3. 掌握联锁的基本概念、基本内容、联锁设备的分类，了解大站继电式6502电气集中联锁设备、计算机联锁设备的用途、设备组成、基本工作原理。

4. 掌握闭塞设备的分类，掌握半自动闭塞、自动站间闭塞、自动闭塞等闭塞设备的基本概念、作用、设备组成及基本工作原理。

5. 熟悉机车信号、站内轨道电路电码化、列车运行超速防护的基本概念、作用、设备组成及基本工作原理。

6. 熟悉 TDCS、CTC 的基本概念、总体结构、原理及功能。

7. 熟悉驼峰场信号设备的组成、作用及其特点，了解自动化驼峰各子系统的功能及基本工作原理，了解编组站综合自动化控制系统的基本概念。

8. 了解电话通信、专用通信、GSM-R 等铁路通信系统基本功能及对铁路运输产生的作用。

实训要求：

1. 通过现场参观，掌握信号装置、轨道电路、转辙机的基本知识。

2. 通过现场参观，掌握联锁的基本关系，了解继电联锁设备、计算机联锁设备的用途、设备组成、基本工作原理。

3. 通过现场参观，熟悉 TDCS、CTC 的总体结构及功能。

4. 通过现场参观，熟悉驼峰场信号设备的组成、作用。

项目八　铁路运输组织

1. 掌握旅客列车种类、旅客运输生产过程、动车组列车旅客运输生产过程、行李、包裹运输的组织，强化旅客安全运输意识，树立合同意识。

2. 掌握货物运输的种类、货物运到期限、货物运输生产过程、铁路集装运输与特种货物运输的概念和基本条件，了解全路货运营销及生产管理系统（FMOS）的基本情况，了解铁路货运事故的分类及处理的基本原则，强化货物运输的安全意识，树立合同意识。

3. 掌握列车的编组、列车运行图及通过能力、铁路运输调度指挥、车站行车组织工作的基本概念和组织内容。

4. 掌握行车安全、人身安全的基本要求及预防措施。

实训要求：

1. 通过现场参观，掌握旅客运输生产过程、动车组列车旅客运输生产过程、行李、包裹运输的组织。

2. 通过现场参观，掌握货物运输生产过程。

3. 通过现场参观，掌握铁路运输调度指挥、车站行车组织工作的基本内容。

项目九　高速铁路和重载运输

1. 了解高速铁路概况、模式、划分的一般知识，了解高速铁路发展历程及铁路六次提速等基本情况。

2. 熟悉高速铁路线路与车站、高速铁路牵引动力与车辆的技术设备。

3. 了解高速铁路和动车组运输组织办法。

4. 熟悉重载铁路的标准，熟悉重载运输的三种模式的基本知识。

5. 了解重载运输技术设备基本知识。

6. 了解重载运输组织方式。

五、考核要求

1. 本课程采用闭卷考试方法考核，百分制。

2. 评分方法：理论考试占总体分值 70%，日常成绩（含实训）占 30%。

六、大纲说明

1. 本大纲是根据 2009 年修订的铁路中专教育电力机车检修专业教学计划编制的。

2. 教学建议：

(1) 教学中应结合教学内容，进行思想品质、职业道德、工作作风方面的教育。

(2) 教学中应积极进行教法改革，运用现代教学手段，贯彻以能力本位、以学员为主体等教学原则，培养学员分析问题、解决问题的能力和创新意识。

(3) 教学中应注重铁路新技术、新装备、新工艺的收集，补充和更新教学内容。

(4) 注意改革学习成绩的考核手段和办法，探索新的科学的评价方法。

(5) 由于各铁路局实际情况、长期规划不同，各专业专业对铁道概论实际需求不一，因此，实际授课时可结合实际情况有所侧重和取舍。

3. 教学用书：铁路职业教育铁道部规划教材《铁道概论》，周平主编，中国铁道出版社。

《机械识图》课程教学大纲

一、课程简介

本课程是电力机车检修专业的基础课，主要讲授机械识图的基本知识，使学员能够识读中等复杂程度的机械零件图和简单的装配图，能够测绘中等复杂程度的机械零件及装配图。

二、课程教学目标

（一）知识培养目标

1. 掌握正投影法的基本理论和基本方法。
2. 能够识读中等复杂程度的机械零件图和简单的装配图。
3. 能够测绘中等复杂程度的机械零件。
4. 能够绘制简单的装配图。

（二）能力培养目标

1. 具有识读和绘制中等复杂程度的机械零件图和装配图的基本能力。
2. 具有一般的空间想象能力和空间思维能力。
3. 培养学员认真负责的绘图工作态度和一丝不苟的工作作风。

三、核心教学内容与实训项目

序 号	项 目 名 称	课 时 分 配			
		总课时	讲 授	讨 论	实 训
1	识图基本知识	2	2		
2	几何作图	4	4		
3	投影基本知识	2	2		
4	基本体	4	4		
5	轴测图	2	2		
6	立体表面的交线	2	2		
7	组合体	4	4		
8	机件的基本表示法	2	2		
9	标准件和常用件	2	2		

续上表

序号	项目名称	课时分配			
		总课时	讲授	讨论	实训
10	零件图	2	2		
11	装配图	4	4		
合计		30	30		
机动		2			
总计		32			

四、项目内容及要求

项目一　识图基本知识

1. 了解图样的概念。
2. 掌握绘图工具和用具的使用规定。
3. 掌握制图国家标准的基本规定。

项目二　几何作图

1. 掌握等分作图与圆弧连接。
2. 掌握斜度与锥度。
3. 掌握平面图形的画法。
4. 熟悉草图的画法。

项目三　投影基本知识

1. 掌握投影法的基本概念。
2. 掌握三视图的形成及其对应关系。

项目四　基 本 体

1. 了解平面体。
2. 熟悉回转体。
3. 掌握基本体的尺寸注法。

项目五　轴 测 图

1. 了解轴测图的基本知识。
2. 熟悉平面体的轴测图画法。
3. 熟悉回转体的轴测图画法。

项目六　立体表面的交线

1. 掌握截交线。
2. 熟悉相贯线。
3. 掌握截断体与相贯体的尺寸注法。

项目七　组 合 体

1. 熟悉组合体的形体分析。

2. 掌握组合体三视图的画法。

3. 掌握组合体的尺寸注法。

4. 熟悉读组合体视图的方法。

项目八　机件的基本表示法

1. 掌握视图。

2. 熟悉剖视图。

3. 熟悉截面图。

4. 了解其他表达方法。

项目九　标准件和常用件

1. 了解螺纹及螺纹紧固件。

2. 掌握齿轮表示法。

3. 熟悉键与销。

4. 熟悉滚动轴承。

5. 熟悉弹簧。

项目十　零 件 图

1. 了解零件图的概述。

2. 掌握零件图的视图选择。

3. 掌握零件图上的尺寸标注。

4. 熟悉零件图上的技术要求。

5. 了解零件上常见的工艺结构。

6. 能识读零件图。

项目十一　装 配 图

1. 掌握装配图的内容和表示法。

2. 掌握装配图中的尺寸标注、零部件的序号和明细表。

3. 熟悉常见装配结构简介。

4. 掌握画装配图的方法与步骤。

5. 能读懂装配图和拆画零件图。

五、考核要求

1. 本课程采用闭卷考试，百分制。

2. 命题时，识图基本知识占5%、几何作图占10%、投影基本知识占5%、基本体占10%、轴测图占10%、立体表面的交线占10%、组合体占10%、机件的基本表示法占10%、标准件和常用件占10%、零件图占10%、装配图占10%。

3. 评分方法：理论考试占总体分值的70%，日常成绩（含实训）占30%。

六、大纲说明

1. 本大纲是根据2009年修订的铁路中专教育电力机车检修专业教学计划编制的。

2. 教学建议：

（1）大纲列出的课时分配为建议性方案，教师在具体实施时可结合学员情况适当调整（10%左右）。

（2）结合本专业的实际情况，酌情增加专业绘图内容。

3. 教学用书：铁路职业教育铁道部规划教材《机械识图》（中专）、《机械识图习题集》（中专），戴永康主编，中国铁道出版社。

《电工与电子技术》课程教学大纲

一、课程简介

本课程是电力机车检修专业的基础课。其任务是使学员掌握从事电气、电子工作所必备的电工基本知识、基本理论和基本技能，学习电路基本定律及交直流电路的分析方法，电磁场的基本知识，常用电子器件的工作原理、特性、参数，掌握一般低频电路的工作原理及应用；掌握常见数字逻辑部件的分析、应用，并具有一定的工程估算能力及一定的读图能力和实践动手能力。为学习后续课程和从事本专业工作，并为培养学员的工程意识、创新能力及综合素质打下基础。

二、课程教学目标

（一）知识培养目标

1. 深刻理解电路的基本概念、基本定律。
2. 熟练掌握直流线性电阻电路的定律、定理。
3. 熟练掌握正弦量的基本概念及其相量分析法。
4. 掌握三相电路中相电压与线电压、相电流与线电流的关系及对称三相电路的特点。
5. 掌握铁磁性物质的磁化特性及磁滞回线，铁芯损耗，交流铁芯线圈的基本关系式。
6. 了解 PN 结单向导电性，掌握二极管、三极管的基本特性及主要参数，熟练掌握三种基本电路的组成、功能、特性及基本应用。
7. 了解互感现象的概念及其与自感现象的区别与联系。
8. 掌握理想变压器的电压变换、电流变换、阻抗变换关系。
9. 掌握晶体管开关特性及应用，熟悉 TTL、CMOS 门电路的结构、原理及逻辑功能，掌握 TTL、CMOS 门电路的外特性及逻辑符号。
10. 了解电力电子技术的范围。

（二）能力培养目标

1. 具有识读电路图，计算电路基本物理量的能力。
2. 具有直流线性电阻电路的分析与计算能力。
3. 具有正弦交流电路的分析与计算能力。
4. 具有对称三相电路的分析与计算能力。
5. 初步具有磁路的定性分析能力。
6. 会识别、选用并检测二极管、三极管、场效应管等器件；具有一定的电子测试技术及电子电路识图能力。

7. 会查阅集成器件手册、选集成器件，分析基本功放的任务及特点、组成应用电路和振荡器电路。

8. 掌握各种门电路逻辑功能，会查阅器件手册、根据需要选用元器件。

9. 熟悉含有理想变压器的电路。

10. 掌握晶闸管的工作原理。

三、核心教学内容与实训项目

序号	项目名称	课时分配			
		总课时	讲授	讨论	实训
1	直流电路	10	10		
2	磁与电磁	8	8		
3	正弦交流电路	8	8		
4	三相正弦交流电路	8	6	2	
5	电气测量基础知识	8	8		
6	安全用电常识	8	8		
7	常用半导体元件	8	8		
8	整流及直流稳压电路	8	8		
9	互感与变压器	10	8	2	
10	晶闸管整流技术	14	14		
合计		90	86	4	
机动		6			
总计		96			

四、项目内容及要求

项目一　直流电路

1. 掌握简单电路的基本结构、欧姆定律、电阻元件的电压、电流关系。
2. 理解电源的空载、负载、短路三种状态及其外特性，了解电气设备额定值。
3. 掌握电阻负载的串联、并联的作用和计算方法。
4. 理解基尔霍夫定律、了解用支路电流法求解电路。
5. 了解电路中各电位的意义及简单计算。

项目二　磁与电磁

1. 了解磁的基本知识、电流的磁场、磁场对电流的作用、磁场的基本物理量。
2. 理解电磁感应和楞次定律。
3. 掌握自感和互感的概念及同名端的判定。

项目三　正弦交流电路

1. 理解正弦交流电的基本概念及正弦交流电的三要素。

2. 了解周期、频率、角频率，瞬时值、最大值、有效值，相位和相位差等相关量之间的关系。

3. 理解正弦量的三种表示法。

4. 掌握单一参数电路的电压、电流大小及相位关系。

5. 理解电阻、电感串联电路电压、电流大小及相位关系。

6. 了解功率因数的概念，了解电感性负载与适量电容器并联对提高电路功率因数的作用。

项目四　三相交流电路

1. 了解三相电源的概念。

2. 掌握三相交流电路中三相负载的星形连接和中性线的作用。

3. 了解三相交流电路中三相对称负载的三角形连接方法。

项目五　电气测量基础知识

1. 了解磁电系测量机构的工作原理、电磁系的测量机构。

2. 掌握电流表、电压表、万用表、兆欧表、感应系电度表的使用。

项目六　安全用电常识

1. 理解触电的几种情况及主要保护措施。

2. 了解触电急救及电气火灾防止和扑救常识。

项目七　常用半导体元件

1. 掌握 PN 结单向导电性，半导体二极管的电压、电流关系和主要参数。

2. 了解半导体三极管的结构、主要参数、电流放大作用、三种工作状态（截止、放大、饱和）。

项目八　整流及稳压电路

1. 掌握单相桥式整流电路的结构和工作原理。

2. 了解滤波电路的作用。

3. 了解稳压电路的原理和集成稳压器的使用方法。

项目九　互感与变压器

1. 了解互感现象的概念及其与自感现象的区别与联系。

2. 了解同名端的概念及同名端的判断方法。

3. 了解理想变压器的条件。

4. 了解功率放大的概念，了解射极输出器的特性及功用。

5. 掌握理想变压器变换电流、变换电压、变换阻抗的原理。

6. 掌握含有理想变压器的电路。

项目十　晶闸管整流技术

1. 了解晶闸管种类、特点。

2. 掌握晶闸管的工作原理。

3. 了解单相桥式半控整流电路的工作原理。

五、考核要求

1. 本课程采用闭卷考试，百分制。

2. 命题时，直流电路占 5%、磁与电磁占 5%、正弦交流电路占 10%、三相正弦交流电路占 10%、电气测量基础知识占 10%、安全用电常识占 10%、常用半导体元件占 10%、整流及直流稳压电路占 10%、互感与变压器占 10%、晶闸管整流技术占 20%。

3. 评分方法：理论考试占总体分值的 70%，日常成绩占 30%。

六、大纲说明

1. 本大纲是根据 2009 年修订的铁路中专教育电力机车检修专业教学计划编制的。

2. 教学建议：

(1) 大纲列出的课时分配为建议性方案，教师在具体实施时可结合学员情况适当调整。

(2) 本大纲的制定充分考虑了学员对基本知识、基本理论和基本技能的掌握。执行本大纲时，应注重现代教学手段的应用，加强形象教学、实践教学、现场教学、课件教学。

3. 教学用书：铁路职业教育铁道部规划教材《电工与电子技术基础》(中专)，林宏裔主编，中国铁道出版社。

《机械基础》课程教学大纲

一、课程简介

本课程是电力机车检修专业的基础课，由工程力学、互换性与技术测量、机构与机械零件三部分组成。

二、课程教学目标

（一）知识培养目标

1. 明确静力学基本概念，初步掌握物体受力分析的基本方法。
2. 了解杆件的基本变形形式。
3. 了解互换性、机械加工精度的概念。
4. 熟悉有关公差配合的术语、定义。
5. 掌握长度测量的基本知识。
6. 了解常用机构的工作原理、特点及应用。
7. 了解键连接、销连接及螺纹连接的特点、类型及应用。
8. 掌握带传动、链传动特别是齿轮传动的类型、特点及应用。
9. 掌握轴系零件的基本知识。

（二）能力培养目标

1. 熟练应用各种力系的平衡方程解物体的平衡问题。
2. 掌握杆件的基本变形的强度计算方法。
3. 能正确进行尺寸公差、形位公差及粗糙度的标注。

三、核心教学内容与实训项目

序号	项目名称	课时分配			
		总课时	讲授	讨论	实训
1	静力学绪论　静力学基本概念	4	4		
2	平面汇交力系与平面力偶系	4	4		
3	平面任意力系	2	2		
4	摩擦	2	2		

续上表

序 号	项 目 名 称	课 时 分 配			
		总课时	讲 授	讨 论	实 训
5	材料力学绪论　拉伸与压缩	6	6		
6	剪切与挤压	2	2		
7	圆轴扭转	2	2		
8	直梁弯曲	4	4		
9	互换性与技术测量绪论　公差与配合	8	8		
10	长度测量基础	2	2		
11	形状和位置公差	4	2	2	
12	表面粗糙度	2	2		
13	机构与机械零件绪论　平面连杆机构	6	6		
14	凸轮机构和间歇运动机构	8	4		
15	连接	4	4		
16	带传动与链传动	4	4		
17	齿轮传动	10	4	2	
18	支承零部件	14	14		
合　　计		88	84	4	
机　　动		8			
总　　计		96			

四、项目内容及要求

项目一　静力学绪论　静力学基本概念

1. 了解静力学研究的内容及方法。
2. 了解力、刚体、平衡的概念，静力学公理。
3. 了解约束与约束力的概念，常见的约束型及其反力特点。

项目二　平面汇交力系与平面力偶系

1. 了解力在坐标轴上的投影，合力投影定理。
2. 了解平面汇交力系合成的解析法。
3. 了解平面汇交力系的平衡方程及其应用。
4. 了解力矩的概念及计算，合力矩定理。
5. 熟悉力偶的概念及性质。
6. 掌握平面力偶的概念及性质。

项目三　平面任意力系

1. 了解平面任意力系的平衡方程及其应用。
2. 熟悉物体系统的平衡问题。

项目四　摩　擦

1. 了解滑动摩擦，考虑摩擦时物体的平衡问题。

2. 了解滚动摩擦简介。

项目五　材料力学绪论　拉伸与压缩

1. 了解绪论，构件的强度和刚度，材料力学的任务。

2. 熟悉变形固体及其基本假设。

3. 熟悉杆件的基本变形形式。

4. 了解拉伸与压缩的概念。

5. 了解拉伸与压缩时的内力、截面法、轴力图。

6. 了解拉伸与压缩时的变形；胡克定律。

7. 掌握材料的力学性能。

8. 了解许用应力与安全系数。

9. 了解拉伸与压缩时的强度计算。

项目六　剪切与挤压

1. 熟悉剪切与挤压的概念。

2. 了解剪切与挤压的实用计算。

项目七　圆轴扭转

1. 掌握圆轴扭转的概念。

2. 了解圆轴扭转时的内力，扭矩图。

3. 了解圆轴扭转时横断面上的压力，圆轴的扭转变形。

4. 了解圆轴的扭转强度与刚度计算。

项目八　直梁弯曲

1. 掌握平面弯曲的概念。

2. 熟悉梁的内力，剪力图与弯矩图。

3. 了解梁的正应力，截面的二次轴矩与弯曲截面系数。

4. 了解梁的正应力强度计算，提高梁弯曲强度的措施。

5. 掌握弯曲变形的概念。

项目九　互换性与技术测量

1. 了解互换性、几何量公差、标准与标准化、优先数系等概念。

2. 了解孔轴、尺寸、公差、偏差、配合等基本术语及定义，孔轴极限尺寸与配合。

3. 了解一般公差的概念、一般公差的等级和极限偏差值的确定，一般公差的标注、公差等级、基准制和配合的选用。

项目十　形状和位置公差

1. 熟悉形状和位置公差的基本概念及其对零件使用性能的影响，形位公差的研究对象。

2. 了解形状和位置公差项目及标注方法，形状和位置公差的公差带。

3. 了解形位误差的评定与检测原则，处理形位公差与尺寸公差的公差原则，形位公差的选择。

项目十一　测量技术基础

1. 熟悉测量的概念及测量过程四要素，长度量值传递系统。

2. 掌握计量仪器的分类及主要度量指标，测量器具的选择原则，测量方法的分类。

3. 了解光滑极限量规的作用和分类，光滑极限量规的设计原则、公差带及其尺寸计算。

4. 熟悉测量误差的概念，测量精度的概念。

项目十二　表面粗糙度

1. 熟悉表面粗糙度的概念及其对零件使用性能的影响。

2. 了解表面粗糙度的评定标准，表面粗糙度的参数特征及其应用。

3. 了解表面粗糙度的符号意义与代号标注，表面粗糙度的检测方法。

项目十三　机构与机械零件　平面连杆机构

1. 了解机械、机器、机构，构件、零件、部件。

2. 熟悉平面运动副及其分类，机构运动简图。

3. 了解平面四杆机构的基本形式及曲柄存在条件。

4. 熟悉铰链四杆机构的基本形式及其运用。

5. 了解曲柄滑块机构、导杆机构、摇块机构和定块机构。

6. 了解平面四杆机构的传动特性。

项目十四　凸轮机构和间歇运动机构

1. 掌握凸轮机构的组成、特点、分类和应用。

2. 了解棘轮机构的工作原理、特点、应用。

3. 了解槽轮机构的工作原理、特点、应用。

项目十五　连　　接

1. 熟悉键连接的分类、工作原理、结构、作用。

2. 了解花键连接的结构、特点。

3. 了解销连接的基本形式及其特点。

4. 熟悉螺纹的形成及主要参数，螺纹的分类。

5. 了解螺纹连接的基本形式，螺纹连接件。

6. 了解螺纹连接的预紧与防松。

7. 了解螺旋传动的类型、特点和应用。

8. 了解常用联轴器和离合器的类型、结构、特点及应用。

项目十六　带传动和链传动

1. 掌握带传动的工作原理、特点、类型和应用。

2. 了解 V 带的构造及标准。

3. 了解带传动的工作能力分析，带的弹性滑动与打滑。

4. 熟悉带传动的安装、张紧和维护。

5. 了解链传动的特点、分类和应用，链传动的布置、张紧和润滑。

项目十七　齿轮传动

1. 掌握齿轮传动的类型与特点。

2. 了解齿廓啮合基本定律。

3. 了解渐开线的形成及渐开线的性质。

4. 熟悉标准渐开线齿轮各部分名称、基本参数，标准直齿圆柱齿轮的尺寸计算。

5. 了解一对渐开线齿轮的啮合传动，渐开线齿轮传动的优点，直齿圆柱齿轮的正确啮合条件，标准中心距，连续传动条件。

6. 了解斜齿圆柱齿轮传动的特点、主要参数、基本尺寸及正确啮合条件。

7. 了解蜗杆传动的组成、特点、类型和应用，主要参数和几何尺寸。

8. 熟悉轮系的分类和应用，定轴轮系的传动比。

项目十八　支承零部件

1. 掌握轴的功用、分类及常用材料，轴的结构。

2. 了解滑动轴承的分类、润滑状态，滑动轴承的结构形式和应用，轴瓦的结构和材料。

3. 掌握滚动轴承的构造、基本形式、代号、特点。

4. 了解滚动轴承的类型选择。

五、考核要求

1. 本课程采用闭卷考试，百分制。

2. 命题时，静力学基础占10%、平面汇交力系与平面力偶系占20%、摩擦占10%、材料力学基础占20%、零件与传动占40%。

3. 评分方法：理论考试占总体分值的70%，日常成绩占30%。

六、大纲说明

1. 本大纲是根据2009年修订的铁路中专教育电力机车检修专业教学计划编制的。

2. 教学建议：

(1) 大纲列出的课时分配为建议性方案，教师在具体实施时可结合学员情况适当调整(10%左右)。

(2) 本大纲的制定充分考虑了学员对基本知识、基本理论和基本技能的掌握。执行本大纲时，应注重现代教学手段的应用，加强形象教学、实践教学、现场教学、课件教学。

3. 教学用书：铁路职业教育铁道部规划教材《机械基础》(中专)，祖国庆主编，中国铁道出版社。

《电力机车总体及走行部》课程教学大纲

一、课程简介

本课程是电力机车检修专业的专业课，主要讲授机车车体、设备布置、走行部的结构、原理，机车车体、转向架、车体与转向架的连接装置和牵引缓冲装置的组成、结构、原理，机车检查保养方法、走行部检查程序和要求等内容。通过学习使学员掌握机车构造，熟悉机车设备布置，掌握机车检查保养方法、走行部检查程序和要求，为机车检查、高低压试验打好基础。

二、课程教学目标

(一) 知识培养目标

1. 掌握电力机车总体的组成和主要设备的布置。
2. 掌握电力机车机械部各组成部分之间的关系和力的传递。

(二) 能力培养目标

1. 能看懂电力机车设备布置图。
2. 能分析电力机车牵引力的传递过程和机车的传动原理。

三、核心教学内容与实训项目

序号	项目名称	课时分配			
		总课时	讲授	讨论	实训
1	绪论	4	4		
2	车体与转向架	28	24	2	2
3	车体与转向架的连接装置	10	10		
4	牵引缓冲装置	14	12	2	
5	机械部分有关理论知识	10	10		
合计		66	60	4	2
机动		6			
总计		72			

四、项目内容及要求

项目一 绪 论

1. 了解电力机车的组成及工作原理。

2. 熟悉机械部分的组成及各组成部分的功用。

3. 掌握机车轴列式。

4. 了解机械部分的主要技术参数。

项目二 车体与转向架

1. 了解车体的用途、要求、类别。

2. 熟悉司机室及机器间的设备布置。

3. 熟悉车顶及车体的设备布置。

4. 掌握通风系统的总体布置及通风经路。

5. 掌握控制气路系统、辅助气路系统的组成和风动器械的结构。

6. 了解转向架的任务、组成及力的传递。

7. 了解构架的类型、结构及其附件。

8. 熟悉轮对的组成、结构及组装工艺。

9. 掌握轴箱定位方式。

10. 掌握轴箱的结构。

11. 了解轴箱与构架间力的传递。

12. 了解减振器的类型、结构及工作原理。

13. 熟悉齿轮传动装置和电机悬挂装置的类型、结构及特点。

14. 了解比较国产电力机车的转向架结构的异同，分析设备布置的特点。

实训要求：通过对机车车体与转向架的实训，掌握车体与转向架各部设备的名称及作用。

项目三 车体与转向架的连接装置

1. 了解车体与转向架的连接装置的任务、类型及布置。

2. 熟悉各种不同的车体与转向架的连接装置的特点及力的传递。

项目四 牵引缓冲装置

1. 掌握车钩的结构及三态作用。

2. 了解车钩的受力及磨耗。

3. 熟悉缓冲器的类型、结构及作用。

4. 了解车钩和缓冲器的组装及牵引力的传递。

项目五 机械部分有关理论知识

1. 了解轴重转移及黏着重量利用率。

2. 了解电力机车曲线通过。

五、考核要求

1. 本课程采用闭卷考试，百分制。

2. 命题时，车体与转向架占 40％、车体与转向架的连接装置占 30％、牵引缓冲装置占 20％、机械部分有关理论知识占 10％。

3. 评分方法：理论考试占总体分值的 70％，日常成绩（含实训）占 30％。

六、大纲说明

1. 本大纲是根据 2009 年修订的铁路中专教育电力机车检修专业教学计划编制的。

2. 教学建议：

（1）大纲列出的课时分配为建议性方案，教师在具体实施时可结合学员情况适当调整（10％左右）。

（2）教学过程应积极采用先进的多媒体课件教学，结合新材料、新工艺、新设备讲解。

（3）教学过程中应注意与其他专业课的衔接与配合。

3. 教学用书：铁路职业教育铁道部规划教材《电力机车总体及走行部》（中专），王冰主编，中国铁道出版社。

《电力机车电机》课程教学大纲

一、课程简介

本课程是电力机车检修专业的专业课，主要讲授电机的基本原理和结构，电力机车用主变压器、脉流牵引电动机、异步牵引电动机、辅助电动机的基本结构、工作原理、技术参数和维护保养要求，脉流牵引电动机、三相交流牵引电动机的运行特性。

二、课程教学目标

（一）知识培养目标

1. 掌握电机的基本原理和结构。

2. 掌握电力机车用牵引电动机、主变压器、平波电抗器、异步劈相机及各种辅助电机的原理、作用和结构特点。

3. 掌握脉流牵引电动机的换向特点及改善换向的措施。

（二）能力培养目标

1. 能用电机的基本理论解决一些实际问题。

2. 能分析牵引电动机的特性曲线，会分析有关设备故障原因和应急处理。

3. 能分析脉流牵引电动机换向装置的结构图、能处理换向装置的常见故障。

三、核心教学内容与实训项目

序 号	项 目 名 称	课 时 分 配			
		总课时	讲 授	讨 论	实 训
1	直流电动机基本知识	10	10		
2	直流牵引电动机的特性	8	8		
3	直流牵引电动机的换向及通风冷却	12	10	2	
4	脉流牵引电动机的结构	10	10		
5	变压器的基本知识	6	6		
6	主变压器及平波电抗器	10	10		
7	异步电动机基本知识	10	8	2	
8	异步劈相机	10	8		2
9	交流辅助电机	12	10		2

续上表

<table>
<tr><td rowspan="2">序号</td><td rowspan="2">项目名称</td><td colspan="4">课时分配</td></tr>
<tr><td>总课时</td><td>讲授</td><td>讨论</td><td>实训</td></tr>
<tr><td colspan="2">合计</td><td>88</td><td>80</td><td>4</td><td>4</td></tr>
<tr><td colspan="2">机动</td><td colspan="4">8</td></tr>
<tr><td colspan="2">总计</td><td colspan="4">96</td></tr>
</table>

四、项目内容及要求

项目一　直流电动机基本知识

1. 掌握直流电动机的基本结构、分类及铭牌。
2. 熟悉直流电动机基本工作原理。
3. 了解直流电动机的电枢绕组。
4. 了解直流电动机的磁场。
5. 了解直流电动机的感应电势和电磁转矩。
6. 了解直流电动机的基本方程式。
7. 了解直流发电动机的运行特性。

项目二　直流牵引电动机的特性

1. 熟悉牵引电动机的一般概念。
2. 了解直流牵引电动机的工作特性。
3. 了解各种励磁方式牵引电动机的特性分析。
4. 熟悉直流牵引电动机的启动、调速、反转和制动。
5. 掌握直流串励牵引电动机的磁场削弱。

项目三　直流牵引电动机的换向及通风冷却

1. 了解换向的基本概念。
2. 掌握直流电动机产生火花的原因。
3. 掌握改善直流电动机换向的方法。
4. 熟悉换向器上的环火。
5. 熟悉牵引电动机的发热和通风冷却。

项目四　脉流牵引电动机的结构

1. 了解牵引电动机的定额和额定数据。
2. 了解牵引电动机常用的电工材料及绝缘结构。
3. 熟悉脉流牵引电动机的基本结构。
4. 了解典型脉流牵引电动机的结构特点。

项目五　变压器的基本知识

1. 掌握变压器的基本结构、分类及铭牌。
2. 熟悉变压器的工作原理及运行分析。
3. 了解单相变压器的联结组别。
4. 了解其他用途变压器。

项目六　主变压器及平波电抗器

1. 掌握主变压器的基本结构。

2. 了解典型主变压器的结构特点。

3. 掌握平波电抗器的作用。

项目七　异步电动机基本知识

1. 了解异步电动机的基本结构、分类及铭牌。

2. 了解交流绕组。

3. 熟悉交流绕组的电势和磁势。

4. 了解三相异步电动机工作原理及运行分析。

5. 了解三相异步电动机的启动、反转、调速和制动。

6. 熟悉单相异步电动机的基本结构。

项目八　异步劈相机

1. 了解单相异步劈相机原理。

2. 熟悉异步劈相机的工作原理。

3. 掌握起动及三相电压对称性调整。

4. 熟悉额定参数及结构点一般维护保养及故障处理方法。

实训要求：通过现场讲解演示，掌握劈相机结构名称及工作原理。

项目九　交流辅助电机

1. 了解交流辅助电机的结构特点。

2. 熟悉电力机车的辅助电动机。

3. 掌握交流辅助电动机的维护保养方法。

实训要求：通过现场教学，掌握交流辅助电动机的结构名称及电机的维护保养方法。

五、考核要求

1. 本课程采用闭卷考试，百分制。

2. 命题时，直流电机基本知识占10%、直流牵引电动机的特性占10%、直流牵引电动机的换向及通风冷却占10%、脉流牵引电动机的结构占10%、变压器的基本知识占10%、主变压器及平波电抗器占10%、异步电动机基本知识占15%、异步劈相机占15%、交流辅助电机占10%。

3. 评分方法：理论考试占总体分值的70%，日常成绩（含实训）占30%。

六、大纲说明

1. 本大纲是根据2009年修订的铁路中专教育电力机车检修专业教学计划编制的。

2. 教学建议：

（1）大纲列出的课时分配为建议性方案，教师在具体实施时可结合学员情况适当调整（10%左右）。

（2）教学中要充分利用挂图、模型、实物、多媒体课件、音像等教学手段。

3. 教学用书：铁路职业教育铁道部规划教材《电力机车电机》（中专），张龙主编，中国铁道出版社。

《电力机车电器》课程教学大纲

一、课程简介

本课程是电力机车检修专业的专业课，主要讲授受电弓、真空及空气断路器、继电器、电空及电磁接触器等主型电器的结构原理，司机控制器的结构原理及使用方法，整流柜、高低压电器柜、列车供电柜等设备的基本结构。

二、课程教学目标

（一）知识培养目标

1. 掌握有关电器的基础理论，熟悉电器的发展方向和新技术、新材料、新产品。
2. 掌握主型电力机车所采用的各种电器的作用、结构及动作原理。

（二）能力培养目标

具有分析主要电器故障原因和排除故障的能力。

三、核心教学内容与实训项目

序 号	项 目 名 称	课 时 分 配			
		总课时	讲 授	讨 论	实 训
1	绪 论	2	2		
2	电器基本理论	10	10		
3	接触器及继电器	14	10	2	2
4	主型电器	34	30	2	2
5	其他电器	6	6		
合 计		66	58	4	4
机 动		6			
总 计		72			

四、项目内容及要求

项目一 绪 论

1. 了解电器的定义及分类。

2. 熟悉电力机车电器的工作条件和基本要求。

3. 了解电力机车电器的发展趋势。

项目二　电器基本理论

1. 了解电器的发热与电动力。

2. 了解电弧理论与灭弧装置。

3. 熟悉电接触与触头系统。

4. 熟悉电磁传动机构及电空传动机构。

项目三　接触器及继电器

1. 熟悉电磁接触器和电空接触器的组成及工作原理。

2. 熟悉电磁继电器和机械式继电器的组成及工作原理。

3. 掌握接触器与继电器使用和维护要求及常见故障处理。

实训要求：通过接触器、继电器结构及工作原理的演示，掌握接触器、继电器的日常保养及常见故障处理。

项目四　主型电器

1. 了解受电弓分类、用途、单臂受电弓的结构、动作原理、静态及动态特性，主要技术参数。

2. 熟悉高压连接器的作用、结构、动作原理。

3. 掌握主断路器的用途、结构、动作原理、主要技术数据。

4. 熟悉真空断路器的结构及动作原理。

5. 熟悉转换开关用途、结构、原理。

6. 掌握主司机控制器、辅助司机控制器的用途、结构、动作原理、联锁要求。

实训要求：通过对主型电器结构及动作原理的演示学习，掌握主型电器的日常保养及常见故障处理。

项目五　其他电器

1. 了解自动开关的定义、分类基本结构和工作原理。

2. 熟悉电力机车应用的各种传感器、互感器的型号、结构。

3. 掌握熔断器、避雷器、蓄电池、万能转换开关等的作用及结构。

五、考核要求

1. 本课程采用闭卷考试，百分制。

2. 命题时，电器基本理论占20%、接触器及继电器占25%、主型电器占40%、其他电器占15%。

3. 评分方法：理论考试占总体分值的70%，日常成绩占30%。

六、大纲说明

1. 本大纲是根据2009年修订的铁路中专教育电力机车检修专业教学计划编制的。

2. 教学建议：

（1）大纲列出的课时分配为建议性方案，教师在具体实施时可结合学员情况适当调整（10%左右）。

（2）教学过程应积极采用先进的教学手段，注重理论与实践的结合。

（3）教学过程中应注意与其他专业课的衔接与配合。

3. 教学用书：铁路职业教育铁道部规划教材《电力机车电器》（中专），祁冠峰主编，中国铁道出版社。

《电力机车制动技术》课程教学大纲

一、课程简介

本课程是电力机车检修专业的专业课，主要讲授电力机车制动机、风源系统、基础制动装置和车辆制动机等内容。通过学习使学员掌握机车制动技术，熟悉机车制动设备布置，为机车操纵打好基础。

二、课程教学目标

（一）知识培养目标

1. 掌握 DK-1 型电空制动机工作原理、主要部件的结构和作用。
2. 掌握 DK-1 型电空制动机的综合作用过程、制动机操作规程和试验步骤。
3. 掌握制动基本理论。
4. 掌握基础制动装置和停车制动装置的结构和作用原理。
5. 了解车辆制动机的结构和作用原理。

（二）能力培养目标

1. 能进行五、八步闸试验和综合作用试验。
2. 能熟悉车辆制动机的结构和作用原理。
3. 熟练掌握 DK-1 型电空制动机常见故障的分析处理方法。

三、核心教学内容与实训项目

序号	项目名称	课时分配			
		总课时	讲授	讨论	实训
1	绪论	2	2		
2	制动基础理论	8	8		
3	空气管路系统	14	10	2	2
4	基础制动装置	10	10		
5	DK-1 型制动机的组成	30	26	2	2
6	DK-1 型制动机的综合作用	20	18	2	
7	车辆制动机	4	4		

续上表

序　号	项　目　名　称	课　时　分　配			
		总课时	讲　授	讨　论	实　训
	合　　　计	88	78	6	4
	机　　　动	8			
	总　　　计	96			

四、项目内容及要求

项目一　绪　　论

1. 了解制动机的概念。
2. 了解制动系统。
3. 熟悉制动的分类。
4. 了解制动机发展简史及直通式空气制动机和自动式空气制动机的工作原理。

项目二　制动基础理论

1. 了解制动缸压力与列车管减压量之间的关系。
2. 熟悉列车管最大、最小减压量。
3. 了解空气波、制动波。
4. 了解列车制动时的纵向冲击作用。
5. 了解制动倍率与传动倍率。

项目三　空气管路系统

1. 掌握风源系统的构成及工作过程。
2. 熟悉风源系统主要部件的结构与作用原理。
3. 熟悉控制管路系统、辅助管路系统、制动机管路系统简介。

实训要求：通过空气管路系统及工作原理的学习，掌握对空气管路系统日常工作中正确操作的方法。

项目四　基础制动装置

1. 熟悉基础制动装置的组成与作用。
2. 掌握制动器的结构与原理。

项目五　DK-1 型制动机的组成

1. 熟悉 DK-1 型制动机的特点、性能、组成及控制关系。
2. 掌握主要空气阀的结构与作用原理。
3. 了解其他附件的结构与原理。

实训要求：通过制动机组成及动作原理的实训学习，掌握各部件的名称及作用。

项目六　DK-1 型制动机的综合作用

1. 熟悉 DK-1 型制动机的作用原理、与其他系统的配合。
2. 掌握 DK-1 型制动机操作规程及常见故障的分析处理方法。

项目七　车辆制动机

1. 熟悉车辆制动机的组成、工作过程。

2. 了解 GK 型三通阀、103 型分配阀的结构与作用原理。

五、考核要求

1. 本课程采用闭卷考试，百分制。

2. 命题时，制动基础理论占 10%、空气管路系统占 10%、基础制动装置占 20%、DK-1 型制动机的组成占 20%、DK-1 型制动机的综合作用占 30%、车辆制动机占 10%。

3. 评分方法：理论考试占总体分值的 70%，日常成绩（含实训）占 30%。

六、大纲说明

1. 本大纲是根据 2009 年修订的铁路中专教育电力机车检修专业教学计划编制的。

2. 教学建议：

（1）大纲列出的课时分配为建议性方案，教师在具体实施时可结合学员情况适当调整（10%左右）。

（2）建议多与实践相结合；在教学过程中积极采用多媒体课件进行教学，调动学员的主观能动性；培养和提高学员的学习能力、处理问题和动手能力。

3. 教学用书：铁路职业教育铁道部规划教材《电力机车制动技术》（中专），武学工主编，中国铁道出版社。

《电力机车控制》课程教学大纲

一、课程简介

本课程是电力机车检修的专业课，主要讲授电力牵引及控制的原理、主型机车电气线路和常见电气线路故障处理等内容。通过学习使学员掌握电力机车的控制理论和主型机车主、辅、控电路结构及电路分析方法，为学员形成专业能力打好基础。

二、课程教学目标

（一）知识培养目标

1. 了解主型电力机车的工作原理、性能及特点。
2. 熟悉电力机车各种调速方式的原理及性能分析。
3. 了解电力机车各种电气制动方式的原理及性能分析。
4. 掌握主型机车的电气线路分析。
5. 掌握电力机车自动控制的一般原理以及自动控制各个环节的关系。
6. 掌握主型机车的电气线路常见故障。

（二）能力培养目标

1. 能熟读电力机车各种电气线路图。
2. 能分析各控制环节电路。
3. 能处理电路常见故障。

三、核心教学内容与实训项目

序号	项目名称	课时分配			
		总课时	讲授	讨论	实训
1	绪　论	4	4		
2	电力机车的启动和调速	18	16	2	
3	电力机车的电气制动	8	8		
4	电力机车的主线路	10	10		
5	电力机车的辅助线路	10	8	2	
6	电力机车的控制线路	22	20	2	

续上表

序　号	项　目　名　称	课　时　分　配			
		总课时	讲　授	讨　论	实　训
7	电力机车的自动控制	4	4		
8	电力机车电气线路常见故障处理	12	10		
合　计		88	82	6	
机　动		8			
总　计		96			

四、项目内容及要求

项目一　绪　论

1. 了解电力牵引的优越性和在铁道运输中的地位。
2. 了解电力牵引发展概况及趋势。
3. 熟悉电力机车工作原理。

项目二　电力机车的启动和调速

1. 了解磁场削弱系数概念及磁场削弱的方法。
2. 了解直流电力机车的电压调节。
3. 了解整流器电力机车的移相调压原理及特点。
4. 了解交流电力机车调频调压原理、控制方式及特点。
5. 熟悉电力机车的启动要求、启动电流的限制及启动方法。
6. 了解整流器机车的特性控制。

项目三　电力机车的电气制动

1. 熟悉串励牵引电机的电阻制动：自励过程及调节方式。
2. 了解他励电机的电阻制动：稳定性分析、制动特性、调节方式。
3. 了解整流线路的逆变原理：理想逆变原理及实际逆变电路。
4. 了解电力机车的再生制动：稳定性分析、再生特性、调节方式、特点。
5. 熟悉交流电力机车的电气制动：原理、特性。
6. 了解其他电制动方式。

项目四　电力机车的主线路

1. 熟悉机车主线路的分类与组成环节。
2. 熟悉电力机车主电路的结构性能分析。
3. 掌握 SS_4 型电力机车的主线路结构。

项目五　电力机车的辅助线路

1. 熟悉电力机车的辅助设备：辅助设备的设置、特点及选择。
2. 掌握 SS_4 型电力机车的辅助线路。

项目六　电力机车的控制线路

1. 了解控制线路的特点、要求及线路常用符号。
2. 熟悉联锁方法：联锁设置的一般原则，各种典型联锁方式及应用。

3. 掌握SS_4型电力机车的控制线路原理。

项目七　电力机车的自动控制

1. 了解自动控制的基本原理。

2. 熟悉电力机车的自动控制系统。

项目八　电力机车电气线路常见故障处理

1. 掌握电力机车试验。

2. 熟悉电力机车故障一般分析方法。

3. 掌握电力机车电气线路常见故障应急处理方法。

4. 了解电力机车运行的基本知识。

五、考核要求

1. 本课程采用闭卷考试，百分制。

2. 命题时，电力机车工作原理占5%、电力机车的启动和调速占10%、电力机车的电气制动占10%、电力机车的主线路占10%、电力机车的辅助线路占10%、电力机车的控制线路占25%、电力机车的自动控制占10%、电力机车电气线路常见故障处理占20%。

3. 评分方法：理论考试占总体分值的70%，日常成绩（含实训）占30%。

六、大纲说明

1. 本大纲是根据2009年修订的铁路中专教育电力机车检修专业教学计划编制的。

2. 教学建议：

（1）大纲列出的课时分配为建议性方案，教师在具体实施时可结合学员情况适当调整（10%左右）。

（2）建议多与实践相结合，教学中积极采用先进的多媒体课件进行教学，多用实物多动手。

（3）教学过程中注重提高、培养学员的学习能力、处理问题的能力。

3. 教学用书：铁路职业教育铁道部规划教材《电力机车控制》（中专），许聪明主编，中国铁道出版社。

《电力机车检修与规程》课程教学大纲

一、课程简介

本课程是电力机车检修专业的专业课，其任务是使学员具备本专业所必需的电力机车检修的基本知识和基本技能。在本课程学习的基础上，通过综合实训课使学员掌握电力机车修程修制、主要检修设备使用和零部件修理的基本方法。

二、课程教学目标

（一）知识培养目标

1. 了解电力机车检修的主要技术指标。
2. 了解电力机车检修工艺的基本知识。
3. 掌握电力机车的总体结构。
4. 掌握电力机车主要零部件拆装、清洗、检查等检修工艺。
5. 掌握电力机车检修主要设备的用途和操作方法。
6. 了解电力机车的解体工艺、段修管理组织和机务段安全技术规程。

（二）能力培养目标

1. 能够掌握电力机车主要电器部件拆装、清洗、检修的基本技能。
2. 能够对电力机车电机与变压器进行检查维护，掌握其解体检修的基本技能。
3. 能够对电力机车机械部分进行检查维护，掌握其解体检修的基本技能。
4. 能够对电力机车空气管路及制动机进行检查维护，掌握其检修的基本技能。
5. 学会查看检修工艺文件。
6. 认识电力机车修理制度及检修周期。
7. 能够正确使用电力机车检修的相关工具和仪表。
8. 能够按照安全规范正确操作使用主要检修设备，掌握电力机车安全检修方法。

三、核心教学内容与实训项目

序　号	项　目　名　称	课　时　分　配			
		总课时	讲　　授	讨　　论	实　　训
1	电力机车检修知识	10	10		
2	电力机车检修的工具仪表和主要检修设备	6	6		

续上表

序 号	项 目 名 称	课 时 分 配			
		总课时	讲 授	讨 论	实 训
3	电力机车检修工艺	8	8		
4	电力机车电机与变压器的检修	14	12	2	
5	电力机车电器的检修	18	14	2	2
6	电力机车机械部分的检修	14	14		
7	电力机车空气制动系统的检修	18	16	2	
合 计		88	80	6	2
机 动		8			
总 计		96			

四、项目内容及要求

项目一　电力机车检修知识

1. 了解电力机车检修的组织管理。
2. 熟悉机务段检修车间的工作任务。
3. 了解电力机车检修主要技术指标的概念、计算方法。
4. 了解电力机车修理制度（计划修理制、状态修）及相应修程规定。
5. 了解电力机车检修工艺过程。
6. 了解机务段检修工作的安全注意事项及安全技术规程。

项目二　电力机车检修的工具仪表和主要检修设备

1. 熟悉电力机车检修的常用工具及仪表的使用。
2. 了解牵车机、架车机、落轮机、不落轮旋机等电力机车检修主要设备的原理及使用方法。

项目三　电力机车检修工艺

1. 熟悉电力机车的总体结构。
2. 了解电力机车的解体工艺过程。
3. 了解电力机车零部件的清洗、检验、修复工艺。

项目四　电力机车电机与变压器的检修

1. 掌握电力机车牵引电动机的检查维护和解体检修步骤与方法。
2. 掌握辅助电机的检查维护和解体检修步骤与方法。
3. 了解主变压器的检查维护和解体检修步骤与方法。

项目五　电力机车电器的检修

1. 掌握电力机车主断路器的拆装、清洗、检修方法。
2. 掌握受电弓的拆装、清洗、检修方法。
3. 熟悉高低压电器柜的拆装、清洗、检修方法。
4. 熟悉司机控制器的拆装、清洗、检修方法。

实训要求：通过主断路器实训教学的学习，掌握电力机车主断路器的拆装、清洗、检修方法。

项目六　电力机车机械部分的检修

1. 了解电力机车车体的检查维护和解体检修步骤与方法。
2. 掌握车钩缓冲装置的检查维护和解体检修步骤与方法。
3. 熟悉转向架的检查维护和解体检修步骤与方法。

项目七　电力机车空气制动系统的检修

1. 了解电力机车空气制动系统的结构组成。
2. 了解空气制动系统的日常检查维护。
3. 掌握空气制动系统的拆装、清洗、检修方法。
4. 掌握空气制动系统的调整试验程序与方法。

五、考核要求

1. 本课程采用闭卷考试，百分制。

2. 命题时，电力机车检修知识占10%、电力机车检修的工具仪表和主要检修设备占10%、电力机车检修工艺占10%、电力机车电机与变压器的检修占20%、电力机车电器的检修占20%、电力机车机械部分的检修占10%、电力机车空气制动系统的检修占20%。

3. 评分方法：理论考试占总体分值的70%，日常成绩（含实训）占30%。

六、大纲说明

1. 本大纲是根据2009年修订的铁路中专教育电力机车检修专业教学计划编制的。

2. 教学建议：

(1) 大纲列出的课时分配为建议性方案，教师在具体实施时可结合学员情况适当调整(10%左右)。

(2) 建议多与实践相结合，教学中积极采用先进的多媒体课件进行教学，多用实物多动手。

(3) 教学过程中注重提高、培养学员的学习能力、处理问题的能力。

3. 教学用书：铁路职业教育铁道部规划教材《电力机车检修与规程》（中专），解书全、王建立主编，中国铁道出版社。

《机车新技术》课程教学大纲

一、课程简介

本课程是电力机车检修专业的专业课，主要介绍机车新技术、新设备、新工艺应用情况，使专业教学不断追踪生产一线新技术发展，开阔专业学员的视野，培养学员关注专业领域发展动态和收集信息的意识。

二、课程教学目标

（一）知识培养目标

1. 了解新型电力机车及动车组概况。
2. 了解车载微机控制系统。
3. 了解高速机车走行部技术。
4. 了解机车交流传动技术的发展概况。

（二）能力培养目标

1. 熟悉大功率交流传动机车的优点。
2. 熟悉车载微机控制系统的工作原理。
3. 熟悉高速机车走行部技术的特点。
4. 熟悉机车交流传动技术的特点及优越性。

三、核心教学内容与实训项目

<table>
<tr><th rowspan="2">序　号</th><th rowspan="2">项　目　名　称</th><th colspan="4">课　时　分　配</th></tr>
<tr><th>总课时</th><th>讲　　授</th><th>讨　　论</th><th>实　　训</th></tr>
<tr><td>1</td><td>我国新型机车、大功率交流传动机车及动车组概况</td><td>10</td><td>10</td><td></td><td></td></tr>
<tr><td>2</td><td>车载微机控制系统</td><td>8</td><td>8</td><td></td><td></td></tr>
<tr><td>3</td><td>高速机车走行部技术</td><td>12</td><td>10</td><td>2</td><td></td></tr>
<tr><td>4</td><td>机车交流传动技术</td><td>14</td><td>14</td><td></td><td></td></tr>
<tr><td colspan="2">合　　　计</td><td>44</td><td>42</td><td>2</td><td></td></tr>
<tr><td colspan="2">机　　　动</td><td colspan="4">4</td></tr>
<tr><td colspan="2">总　　　计</td><td colspan="4">48</td></tr>
</table>

四、项目内容及要求

项目一　我国新型机车、大功率交流传动机车及动车组概况

1. 了解我国电力机车发展及新型机车概况。

2. 了解我国“和谐号”系列动车组发展概况。

3. 了解“和谐型”交流传动货运机车概况。

项目二　车载微机控制系统

1. 了解国产电力机车微机控制系统概述。

2. 了解电力机车微机控制系统工作原理与结构。

3. 了解逻辑控制单元（LCU）在机车上的应用。

4. 了解逻辑控制单元（LCU）的使用与常见故障监测。

项目三　高速机车走行部技术

1. 了解机车悬挂装置。

2. 了解客运机车牵引电动机全悬挂技术。

3. 了解径向转向架技术。

4. 了解新型高速机车转向架技术。

项目四　机车交流传动技术

1. 了解国内外交流传动机车的发展概况及其优越性。

2. 了解电力电子器件在机车牵引领域的应用。

3. 了解异步牵引电动机运行方式及其机械特性。

4. 了解交流传动机车的控制系统的工作原理。

五、考核要求

1. 本课程采用闭卷考试，百分制。

2. 命题时，我国新型机车、大功率交流传动机车及动车组概况占 20％、车载微机控制系统占 20％、高速机车走行部技术占 30％、机车交流传动技术占 30％。

3. 评分方法：理论考试占总体分值的 70％，日常成绩占 30％。

六、大纲说明

1. 本大纲是根据 2009 年修订的铁路中专教育电力机车检修专业教学计划编制的。

2. 教学建议：

（1）大纲列出的课时分配为建议性方案，教师在具体实施时可结合学员情况适当调整（10％左右）。

（2）本课程内容可围绕各新型机车的实际发展动态开展学术报告和调研。各校可根据所服务企业的实际情况，对内容适当进行调整。

3. 教学用书：铁路职业教育铁道部规划教材《机车新技术》，李晓村主编，中国铁道出版社。

《电工技能实训》课程教学大纲

一、课程简介

本课程是电力机车检修专业的实训课。其主要任务是对学员进行电工技术基础知识和基本技能的训练，使学员熟知电气安全技术、电工安全工作规程，掌握电工基本操作技能，使学员具备一定的电工实际操作能力，为进一步学习专业知识和职业技能打下基础。

二、课程教学目标

通过电工实训，应使学员达到以下基础要求：

1. 掌握电气安全技术知识。
2. 掌握基本工具的使用方法，常用电工仪表的使用与维护方法。
3. 熟知照明电路的配线接线方法。
4. 掌握常用低压电器的结构特点，电机控制线路的接线方法。

三、实训项目与时间分配

序号	项　目　名　称	时间分配
1	实训前教育	0.5天
2	基本操作技能	0.5天
3	电工照明配线安装技能	1天
4	量电配电板的安装	0.5天
5	电气识图	0.5天
6	电机、常用低压电器知识	1天
7	电力拖动自动控制线路的安装步骤与方法	2天
8	点动与连续运行控制线路配电板的配线及安装	2天
9	接触器连锁正反转控制线路配电板的配线及安装	2天
合　计		2周

四、项目内容及要求

项目一　实训前教育

1. 实训的目的和任务。

2. 电气安全技术知识。

（1）接地的种类、作用及对装接的一般要求。

（2）接零的作用及其一般要求。

（3）电工安全技术操作规程。

（4）对电器及装置的安全要求。

项目二　基本操作技能

1. 常用电工指示仪表的分类、基本结构、工作原理和符号；仪表名称、规格及选用使用维护保养知识。

2. 常用工具和量具的名称、规格及选用、使用维护保养知识。

3. 练习基本工具的使用与保养。

（1）验电笔的选用、使用维护保养知识。

（2）旋具的选用、使用维护保养知识。

（3）钢丝钳的选用、使用维护保养知识。

（4）拨线钳的选用、使用维护保养知识。

（5）电工刀的选用、使用维护保养知识。

（6）活络扳手的选用、使用维护保养知识。

（7）游标卡尺的选用、使用维护保养知识。

（8）千分尺的选用、使用维护保养知识。

4. 练习常用电工仪表的使用与维护。

（1）兆欧表的使用与维护。

（2）万用表的使用与维护。

（3）电压表的使用与维护。

（4）电流表的使用与维护。

项目三　电工照明配线安装技能

一、导线的连接与绝缘的恢复

1. 常用导电材料的名称、规格和用途及选用。

2. 常用绝缘材料的名称、规格和用途。

3. 导线线径测量与导线规格的选择。

4. 练习导线线头的剖削与连接。

（1）单股铜导线的连接。

（2）19/0.82mm、7/1.7mm 多股铜导线的连接。

5. 练习导线线头绝缘层的恢复。

（1）单股铜导线的绝缘恢复。

（2）19/0.82mm、7/1.7mm 多股铜导线的绝缘恢复。

6. 练习线头与接线桩的连接。

二、照明电路

1. 照明基本知识。

（1）白炽灯的工作原理。

（2）日光灯的工作原理。

(3) 车间照明线路的要求。

2. 暗（明）管线线路的安装；塑料护套线线路的安装。

3. 白炽灯灯具的选用和安装。

4. 日光灯灯具的选用和安装。

5. 装接照明电路（一）（插座，日光灯，荧光灯）。

6. 装接照明电路（二）（两地控制）。

项目四　量电配电板的安装

1. 电度表的基本原理。

2. 电度表的规格的选择。

3. 单相电度表的接线。

4. 三相电度表的接线。

5. 电度表与用电器综合连线。

项目五　电气识图

1. 电气图得分类与制图的一般规则。

2. 常用电气图形符号和电气项目代号及新旧标准的区别。

3. 生产机械电气图、接线图的构成及各构成部分的作用。

4. 一般机械电气图的识图方法。

项目六　电机、常用低压电器知识

1. 常用交、直流电机（包括单相笼型异步电动机）的名称、种类、基本构造、基本工作原理和用途。

2. 常用交、直流电机铭牌数据的含义。

3. 电机的选用原则。

4. 常用低压电器的名称、种类、规格、基本构造及工作原理，电路图形及文字符号选用及使用知识。

(1) 熔断器（RL 系列、RT 系列、RC 系列 ）的规格、基本构造及工作原理。

(2) 开关（HK 系列、HH 系列、HZ 系列）的规格、基本构造及工作原理。

(3) 低压断路器（自动空气开关）（DZ10、DZ5 系列）的规格、基本构造及工作原理。

(4) 交流接触器的规格、基本构造及工作原理。

(5) 主令电器的规格、基本构造及工作原理。

(6) 热继电器的规格、基本构造及工作原理。

(7) 时间继电器的规格、基本构造及工作原理。

(8) 低压电器产品铭牌数据的含义。

(9) 常用保护电器保护参数的整定方法。

项目七　电力拖动自动控制线路的安装步骤与方法

1. 电器元件及导线的选用。

(1) 熔断器、熔体的选用。

(2) 接触器的选用。

(3) 热继电器的选用。

(4) 按钮开关的选用。

(5) 导线的选用。

2. 电器接线图的绘制。

3. 基本控制电路的布线步骤及要求。

项目八　点动与连续运行控制线路配电板的配线及安装

包括导线及电气元、器件的选择和参数的整定。

项目九　接触器连锁正反转控制线路配电板的配线及安装

包括导线及电气元、器件的选择和参数的整定。

五、考核方法及评分办法

实习成绩按以下几方面综合评定：

1. 电工基本技能考核成绩占总成绩 80%；技能考核可采用指导老师考核或师傅考核的方式进行。

2. 实训日记质量：是否全面反映实训任务的完成情况，占总成绩的 10%。

3. 实训期间的学习态度、遵章守纪等情况；占总成绩 10%。

4. 考核成绩评定按百分制，单独列入学员成绩册。

六、大纲说明

1. 本大纲是根据 2009 年修订的铁路中专教育电力机车检修专业教学计划编制的。

2. 教学建议：

(1) 电工实训建议安排在第一学期进行，实训周数可根据当年教学周数适当增加或减少。

(2) 本课程是结合《电工电子技术基础》课程的实训，教师要做好指导工作，正确引导学员进行有效的、有计划的实训。

3. 教学用书：铁路职业教育铁道部规划教材教材《电工技能实训指导书》，王程有主编，中国铁道出版社。

《钳工技能实训》课程教学大纲

一、课程简介

本课程是电力机车检修专业的实训课。其主要任务是通过实训教学，培养学员机械钳工的基本操作技能，培养学员钳工动手能力，为学员形成综合职业能力打好基础。

二、课程教学目标

通过实训，应达到以下基础要求：

1. 熟知机械钳工常用工具、量具的分类、规格、使用与维护。
2. 掌握机械钳工的基本操作，手工制作检车锤、鸭嘴锤、四方或六角螺母。
3. 掌握钳工安全文明生产的基本要求。
4. 培养学员热爱劳动、安全生产的意识和创新精神。

三、实训项目与时间分配

序号	项目名称	时间分配
1	安全教育	0.5天
2	划　　线	1.5天
3	锯削与锉削	2天
4	钻、铰孔及攻螺纹	2天
5	刮削与研磨	1天
6	电气焊	1天
7	综合考核	2天
合计		2周

四、项目内容及要求

项目一　安全教育

接受培训基地钳工技能实训安全规章制度教育。进行安全教育考核，考核成绩均应达到优良等级。

项目二　划　　线

1. 能读懂和绘制钳工常见的零件图。

2. 掌握游标卡尺、高度游标卡尺、千分尺等量具使用方法。

3. 掌握一般零件的平面划线和简单的立体划线。

4. 了解划线用涂料的种类、配制方法及应用场合。

5. 了解划线基准的选择原则。

6. 掌握划线工具的使用及保养方法。

项目三　锯削与锉削

1. 能锯削 ϕ40 mm 左右圆钢，基本达到尺寸公差 0.8 mm 的要求。

2. 能锉削一般平面，基本达到尺寸公差 0.04 mm，表面粗糙度 Ra3.2 μm。

3. 掌握锯条的选用，锯削方法及锯削常见缺陷的分析。

4. 掌握锉刀的种类和选用，锉削方法及常见缺陷分析和安全技术。

5. 掌握锯削与锉削工具的使用及保养方法。

6. 了解台虎钳、砂轮机的基本结构、工作原理、安全操作规程及使用与维护保养方法。

项目四　钻、铰孔及攻螺纹

1. 能在同一平面上铰 2～3 个孔，并基本达到以下要求：公差等级 IT8，位置度公差 0.2 mm 表面粗糙度 Ra1.6 μm。

2. 能攻 M20 以下的螺纹，没有明显的倾斜。

3. 了解钻头的常用角度，并基本能够刃磨标准麻花钻头。

4. 了解螺纹的种类、用途及各部分尺寸之间的关系。

5. 了解台式钻床和钻夹头的基本结构、工作原理、安全操作规程及使用与维护保养方法。

6. 掌握塞尺的使用方法。

项目五　刮削与研磨

1. 能够刮削一般平面，基本达到 2 级（不少于 12 点）。

2. 能够研磨一般平面，基本达到以下要求：表面粗糙度 $Ra1.6\mu m$，平面度 0.02mm。

3. 了解刮削原始平板、方箱、燕尾形导轨、主轴轴瓦的原理和方法。

4. 了解研磨内孔的原理和方法。

5. 了解研磨磨料的选择和使用方法。

项目六　电 气 焊

1. 了解电焊、气焊的原理。

2. 掌握电焊、气焊的正确方法，焊接工艺。

3. 能进行一般的工件的简单焊接。

项目七　综合考核

1. 能独立进行生产准备，合理选择工量具等。

2. 能独立地确定工件的加工步骤和完成工件加工。

3. 能安全文明生产。

4. 初步养成良好的职业道德。

5. 初步具有加工简单组合工件的能力。

五、考核方法及评分办法

1. 实训考核方法：实训成绩可分优、良、及格、不及格四级，单独列入学员成绩册。

2. 评分办法：实训成绩按实训笔记质量、实训报告质量、生产实训中的学习态度、钻研精神及遵守实训纪律情况、实训鉴定成绩、实际操作考核成绩等几方面评定。

六、大纲说明

1. 本大纲是根据2009年修订的铁路中专教育电力机车检修专业教学计划编制的。

2. 教学建议：

(1) 实训内容结合现场实际可小范围调整。

(2) 钳工实训建议安排在第二学期进行，实训周数可根据当年教学周数适当增加或减少。

3. 教学用书：铁路职业教育铁道部规划教材《机械钳工技能实训指导书》，刘林主编，中国铁道出版社。

《电力机车检修基本技能实训一》课程教学大纲

一、课程简介

本课程是电力机车检修专业的实训课，其任务是通过实训的教学活动，掌握本专业电力机车检修专业的职业技能基本训练，培养学员热爱专业、爱岗敬业精神，为形成综合职业能力打下基础。

二、教学目标

通过现场实训，应使学员达到以下基础要求：

1. 能掌握电力机车电机、电器的维护、检修、故障判断与处理。
2. 能掌握电力机车机械部主要部件的检修标准。

三、实训项目与时间分配

序号	项　目　名　称	时间分配
1	安全教育	1天
2	电力机车电机维护、检修、故障判断与处理	4天
3	电力机车电器维护、检修、故障判断与处理	4天
4	检修车体、构架与附属装置	4天
5	检修牵引与悬挂装置	4天
6	检修基础制动与手制动装置	4天
7	检修轮对与电机组装	4天
合　　计		25天（5周）

四、项目内容及要求

项目一　安全教育

1. 接受机务段三级安全规章制度教育，电力机车运用与检修安全规章教育。
2. 进行安全教育考核，考核成绩均应达到优良等级。

项目二　电力机车电机维护、检修、故障判断与处理

1. 掌握电力机车电机的检修方法、检修标准。

2. 掌握电力机车电工技能。

3. 能正确的使用常用检修工具。

4. 掌握一般故障判断与处理方法。

项目三　电力机车电器维护、检修、故障判断与处理

1. 掌握电力机车电器的检修方法、检修标准。

2. 掌握电力机车电工技能。

3. 能正确的使用常用检修工具。

4. 掌握一般故障判断与处理方法。

项目四　检修车体、构架与附属装置

1. 掌握车体、构架与附属装置的检修方法、检修标准。

2. 掌握电力机车钳工操作技能。

3. 能正确的使用常用检修工具。

项目五　检修牵引与悬挂装置

1. 掌握电力机车牵引与悬挂装置的检修方法、检修标准。

2. 掌握电力机车钳工操作技能。

3. 能正确的使用常用检修工具。

项目六　检修基础制动与手制动装置

1. 掌握电力机车基础制动与手制动装置的检修方法、检修标准。

2. 掌握电力机车钳工操作技能。

3. 能正确的使用常用检修工具。

项目七　检修轮对与电机组装

1. 掌握电力机车轮对与电机组装的检修方法、检修标准。

2. 掌握电力机车钳工操作技能。

3. 能正确的使用常用检修工具。

五、考核方法及评分办法

1. 实训考核方法：实训成绩可分优、良、及格、不及格四级，单独列入学员成绩册。

2. 评分办法：实训成绩按实训笔记质量、实训报告质量、生产实训中的学习态度、钻研精神及遵守实训单位、实训纪律情况、实训单位鉴定成绩、实际操作考核成绩等几方面评定。

六、大纲说明

1. 本大纲是根据 2009 年修订的铁路中专教育电力机车检修专业教学计划编制的。

2. 教学建议：

(1) 实训内容结合现场实际可小范围调整。

(2) 实训周数可根据当年教学周数适当增加或减少。

3. 教学用书：铁路职业教育铁道部规划教材《电力机车检修专业综合实训指导书》，张铁竹、李学雷主编，中国铁道出版社。

《电力机车检修基本技能实训二》课程教学大纲

一、课程简介

本课程是电力机车检修专业的实训课，其任务是通过实训的教学活动，掌握本专业电力机车检修专业的职业技能基本训练，培养学员热爱专业、爱岗敬业精神，为形成综合职业能力打下基础。

二、课程教学目标

通过现场实习，应使学员达到以下基础要求：

1. 掌握电力机车制动机各阀件的检修规程及要求。
2. 掌握 DK-1 型制动机综合试验方法及要求。
3. 掌握 DK-1 型制动机常见故障处理的方法。
4. 掌握电力机车低压试验及故障处理的方法。

三、实训项目与时间分配

序号	项 目 名 称	时间分配
1	安全教育	1 天
2	电力机车制动机主要阀件的检修	6 天
3	DK-1 型制动机综合试验	5 天
4	DK-1 型制动机常见故障处理	6 天
5	电力机车低压试验	9 天
6	电力机车电气线路常见故障处理	8 天
合 计		35 天（7 周）

四、项目内容及要求

项目一　安全教育

1. 接受机务段三级安全规章制度教育，电力机车运用与检修安全规章教育。
2. 进行安全教育考核，考核成绩均应达到优良等级。

项目二　电力机车制动机主要阀件的检修

1. 掌握电力机车 DK-1 型制动机阀件的检修方法、检修标准。

2. 掌握电力机车钳工操作技能。

3. 能正确的使用常用检修工具。

项目三　DK-1 型制动机综合试验

1. 掌握 DK-1 型制动机工作原理。

2. 掌握电力机车 DK-1 型制动机五步闸试验的项目及要求。

项目四　DK-1 型制动机常见故障处理

掌握电力机车 DK-1 型制动机常见故障的分析、判断及处理的方法。

项目五　电力机车低压试验

1. 掌握电力机车低压试验的准备条件的要求。

2. 掌握电力机车低压试验的项目及要求。

项目六　电力机车电气线路常见故障处理

掌握电力机车电气线路常见故障的分析、判断及处理的方法。

五、考核方法及评分办法

1. 实训考核方法：实训成绩可分优、良、及格、不及格四级，单独列入学员成绩册。

2. 评分办法：实训成绩按实习笔记质量、实训报告质量、生产实训中的学习态度、钻研精神及遵守实训单位、实训纪律情况、实训单位鉴定成绩、实际操作考核成绩等几方面评定。

六、大纲说明

1. 本大纲是根据 2009 年修订的铁路中专教育电力机车检修专业教学计划编制的。

2. 教学建议：

(1) 实训内容结合现场实际可小范围调整。

(2) 实训周数可根据当年教学周数适当增加或减少。

3. 教学用书：铁路职业教育铁道部规划教材《电力机车检修专业综合实训指导书》，张铁竹、李学雷主编，中国铁道出版社。

《电力机车检修专业综合实训》课程教学大纲

一、课程简介

本课程是电力机车检修专业的实训课。其任务是通过电力机车检修实习，使学员掌握电力机车钳工、电工、制动工等岗位的基本操作技能，为学员形成职业综合能力打下基础。

二、课程教学目标

通过现场实习，应使学员达到以下基础要求：

1. 掌握电力机车主要检修设备的使用方法，熟悉安全生产规程。
2. 能进行电力机车检修相关岗位的基本操作。
3. 培养学员敬业精神、严谨的工作作风和创新精神。

三、实训项目与时间分配

序号	项　目　名　称	时间分配（周）
1	安全教育、参观、安全考试	1
2	电　　器	4
3	电子（微机）	2
4	电　　机	3
5	制　　动	4
6	电力机车走行部	2
7	仪　　表	1
8	探　　伤	1
9	职业技能鉴定强化训练	2
合　　计		20

四、项目内容及要求

项目一　安全教育

1. 接受机务段安全规章制度教育，电力机车检修与运用安全规程教育。
2. 进行安全教育考核，考核成绩均应达到优良等级。

项目二　电　　器

1. 了解主型电器的位置、名称及作用。

2. 掌握电力机车各电器的检修工艺和检修作业过程。

3. 熟悉电力机车机务段检修组织、生产、技术管理和检修计划的制订。

项目三　电子（微机）

1. 了解电子设备的位置、名称及作用。

2. 掌握电力机车各电子设备的检修工艺和检修作业过程。

3. 熟悉机务段检修组织、生产、技术管理和检修计划的制订。

项目四　电　　机

1. 了解电机的位置、名称及作用。

2. 掌握电力机车各电机的检修工艺和检修作业过程。

3. 熟悉机务段检修组织、生产、技术管理和检修计划的制订。

项目五　制　　动

1. 了解制动机部件的位置、名称及作用。

2. 初步掌握电力机车制动机部件的检修工艺和检修作业过程。

3. 熟悉机务段检修组织、生产、技术管理和检修计划的制订。

项目六　电力机车走行部

1. 了解机械部各部件的位置、名称及作用。

2. 掌握电力机车机械部各部件的检修工艺和检修作业过程。

3. 熟悉机务段检修组织、生产、技术管理和检修计划的制订。

项目七　仪　　表

1. 了解机车仪表的位置、名称及分类。

2. 掌握电力机车各仪表的检修工艺和检修作业过程。

3. 熟悉机务段检修组织、生产、技术管理和检修计划的制订。

项目八　探　　伤

1. 了解机车设备探伤的位置、名称。

2. 掌握电力机车部件的探伤检修工艺和检修作业过程。

项目九　职业技能鉴定强化训练

1. 安全教育。

2. 理论知识辅导。

3. 技能操作强化训练。

4. 电力机车钳工（电工）职业技能鉴定模拟考试。

五、考核方法及评分办法

1. 实训考核方法：实训成绩可分优、良、及格、不及格四级，单独列入学员成绩册。

2. 评分办法：实训成绩按实习笔记质量、实训报告质量、生产实训中的学习态度、钻研精神及遵守实训单位、实训纪律情况、实训单位鉴定成绩、实际操作考核成绩等几方面评定。

六、大纲说明

1. 本大纲是根据2009年修订的铁路中专教育电力机车检修专业教学计划编制的。

2. 教学建议：

(1) 实训内容结合现场实际可小范围调整。

(2) 实训周数可根据当年教学周数适当增加或减少。

3. 教学用书：铁路职业教育铁道部规划教材《电力机车检修专业实训指导书》，张铁竹、李学雷主编，中国铁道出版社。

电力机车检修专业技能实训设备配置标准参照表

序号	实训项目	设备及材料名称	基本配置标准		备　注
			单位（规格）	数　量	
1	计算机应用能力实训	教室	个	1	
		计算机	台	50	可与其他项目共用
2	钳工技能实训	钳工常用工具	套	50	
		钳工常用量具	套	50	
		砂轮机	台	2	
		台钻	台	2	
		钳工台	台	50	
3	电路实用技能训练（电工与电子技术基础）	电工电子实训台	套	4	可用自制实训电路板代替
		电工工具	套	4	可与其他项目共用
		电工测量仪表	套	4	可与其他项目共用
		适应实训项目要求的电工电子零部件	套	4	可与其他项目共用
		导线等耗材		若干	
4	二极管性能试验（电工与电子及技术基础）	各类二极管	套	4	
		万用表等测量仪表	套	4	可与其他项目共用
		配套电工电子部件	套	4	可与其他项目共用
5	机车总体认识实习（模具）	SS_4 改型电力机车	台	1	可与其他项目共用
		机车转向架	台	1	可与其他项目共用
		13 号车钩	个	1	
6	机车电机电器认识实习（模具）	牵引电动机	台	1	可与其他项目共用
7	DK-1 型电空制动机认识实习（模具）	劈相机	台	1	可与其他项目共用
		压缩机	台	1	可与其他项目共用
		两位置转换开关	台	1	可与其他项目共用
		主断路器	台	1	可与其他项目共用
		电空接触器	台	1	可与其他项目共用
		受电弓	台	1	可与其他项目共用
		中间继电器	个	1	可与其他项目共用
		时间继电器	个	1	可与其他项目共用
		电空制动控制器	台	1	可与其他项目共用
		空气制动阀	个	1	可与其他项目共用
		电控阀	个	1	可与其他项目共用

续上表

序号	实训项目	设备及材料名称	基本配置标准		备　注
			单位（规格）	数　量	
7	DK-1型电空制动机认识实习（模具）	调压阀	个	1	可与其他项目共用
		压力开关	个	1	可与其他项目共用
		中继阀	个	1	可与其他项目共用
		分配阀	个	1	可与其他项目共用
		电动放风阀	个	1	可与其他项目共用
		紧急阀	个	1	可与其他项目共用
		重联转换阀	个	1	可与其他项目共用
		滤尘止回阀	个	1	可与其他项目共用
		分水滤清器	个	1	可与其他项目共用
8	直流电动机的检修	小型直流电动机	台	2	
		直流电动机试验台	台	1	
		电机检修工具	套	2	
9	交流电动机的检修	小型交流电动机	台	2	
		交流电动机试验台	台	1	
		电机检修工具	套	2	可与其他项目共用
10	受电弓的检修	TSG3-630/25、DSA200型	台	各1	
		受电弓试验台	台	1	
		测力用重锤	套	2	
		秒表	块	2	
		检修工具	套	2	可与其他项目共用
11	主断路器的检修	空气、真空主断路器	台	各1	
		主断路器试验台	台	1	
		检修工具	套	2	可与其他项目共用
12	位置转换开关的检修	2500V兆欧表	块	2	
		电器钳工常用工具	套	2	可与其他项目共用
13	电空制动控制器的检修	DK-1型电空制动机试验台	台	1	
		500V兆欧表、万用表	块	各1	
		电器钳工常用工具	套	2	可与其他项目共用
14	空气制动阀的检修	DK-1型制动机试验台	台	1	
		万用表	块	1	
		专用工具	套	2	可与其他项目共用
15	109型分配阀的检修	DK-1型制动机试验台	台	1	
		专用工具	台	2	可与其他项目共用

续上表

序号	实训项目	设备及材料名称	基本配置标准		备　　注
			单位（规格）	数　量	
16	DK-1 型电空制动机综合试验	DK-1 型制动机试验台（训练装置）	台	1	
		计时器	块	1	
		活扳手、螺丝刀	套	各 1	
17	DK-1 型电空制动机常见故障处理	DK-1 型制动机试验台（训练装置）	台	1	
18	轴箱的检修	退装轴承压力机	台	1	
		轴承内圈加热器、拔出器	个	各 1	
		机械钳工常用工具	套	2	可与其他项目共用
19	油压减震器的检修	油压减震器试验机	台	1	
		导向套筒	套	2	可与其他项目共用
		管钳	个	2	可与其他项目共用
20	车钩装置的检修	三态模拟试验台	台	1	
		机械钳工常用工具	套	2	
21	电力机车高、低压试验、常用故障处理	SS_4 改型电力机车电气线路训练装置			
		SS_4 改型电力机车高、低压电器柜			
		万用表			

说明：1.《电力机车检修实习》可与机务段工人师傅共同使用工具、设备。

2. 设备按照 50（一个标准班）配制。

电力机车检修课程教学用书汇总表

<table>
<tr><th>序 号</th><th>课 程 名 称</th><th>教 学 用 书</th><th>主 编</th><th>出 版 社</th></tr>
<tr><td>1</td><td>语　　文</td><td>《语文》（中专）</td><td>王　湄</td><td>中国铁道出版社</td></tr>
<tr><td>2</td><td>数　　学</td><td>《数学》（中专）</td><td>邹淑桢</td><td>中国铁道出版社</td></tr>
<tr><td>3</td><td>铁路职业道德</td><td>《铁路职业道德》</td><td>王跃庆</td><td>中国铁道出版社</td></tr>
<tr><td>4</td><td>计算机应用基础</td><td>《计算机应用基础》（中专）</td><td>姬立中</td><td>中国铁道出版社</td></tr>
<tr><td>5</td><td>铁道概论</td><td>《铁道概论》</td><td>周　平</td><td>中国铁道出版社</td></tr>
<tr><td rowspan="2">6</td><td rowspan="2">机械识图</td><td>《机械识图》（中专）</td><td rowspan="2">戴永康</td><td rowspan="2">中国铁道出版社</td></tr>
<tr><td>《机械识图习题集》（中专）</td></tr>
<tr><td>7</td><td>电工与电子技术基础</td><td>《电工与电子技术基础》（中专）</td><td>林宏裔</td><td>中国铁道出版社</td></tr>
<tr><td>8</td><td>机械基础</td><td>《机械基础》（中专）</td><td>祖国庆</td><td>中国铁道出版社</td></tr>
<tr><td>9</td><td>电力机车总体及走行部</td><td>《电力机车总体及走行部》（中专）</td><td>王　冰</td><td>中国铁道出版社</td></tr>
<tr><td>10</td><td>电力机车电机</td><td>《电力机车电机 》（中专）</td><td>张　龙</td><td>中国铁道出版社</td></tr>
<tr><td>11</td><td>电力机车电器</td><td>《电力机车电器》（中专）</td><td>祁冠峰</td><td>中国铁道出版社</td></tr>
<tr><td>12</td><td>电力机车制动技术</td><td>《电力机车制动技术》（中专）</td><td>武学工</td><td>中国铁道出版社</td></tr>
<tr><td>13</td><td>电力机车控制</td><td>《电力机车控制》（中专）</td><td>许聪明</td><td>中国铁道出版社</td></tr>
<tr><td>14</td><td>电力机车检修与规程</td><td>《电力机车检修与规程》（中专）</td><td>解书全
王建立</td><td>中国铁道出版社</td></tr>
<tr><td>15</td><td>机车新技术</td><td>《机车新技术》</td><td>李晓村</td><td>中国铁道出版社</td></tr>
<tr><td>16</td><td>电工技能实训</td><td>《电工技能实训指导书》</td><td>王程有</td><td>中国铁道出版社</td></tr>
<tr><td>17</td><td>钳工技能实训</td><td>《机械钳工技能实训指导书》</td><td>刘　林</td><td>中国铁道出版社</td></tr>
<tr><td>18</td><td>电力机车检修基本技能实训一</td><td rowspan="3">《电力机车检修专业实训指导书》</td><td rowspan="3">张铁竹
李学雷</td><td rowspan="3">中国铁道出版社</td></tr>
<tr><td>19</td><td>电力机车检修基本技能实训二</td></tr>
<tr><td>20</td><td>电子电力机车检修专业综合实训</td></tr>
</table>